한 번만 읽으면 확 잡히는
중등 문해력 읽기

2024년 5월 1일 1판 1쇄 펴냄

지은이 | 신해영 · 정형근 · 정다희 · 한유승
펴낸이 | 김철종

펴낸곳 | (주)한언
출판등록 | 1983년 9월 30일 제1-128호
주소 | 서울시 종로구 삼일대로 453(경운동) 2층
전화번호 | 02)701-6911 팩스번호 | 02)701-4449
전자우편 | haneon@haneon.com

ISBN 978-89-5596-989-4 (53700)

만든 사람들
기획 · 총괄 | 손성문
편집 | 서은미
디자인 | 이화선
일러스트 | 이현지

한 번만 읽으면 확 잡히는

중등 문해력 읽기

신해영 정형근 정다희 한유승 지음

한언

머리말

"중학생 27% 교과서 이해 못 해", "문해력 역대 최악?… '코로나 학력 저하' 실체 밝혀진다", "혼자서는 교과서도 읽을 수 없다, 심각한 교실." 모두 기사문의 표제입니다. 그렇다면 저 표제들은 무엇을 공통으로 다루고 있을까요? 바로 요즘 뉴스나 신문 기사 등에서 적잖이 등장하는 화두, 학생들의 문해력에 대한 우려가 담겨 있습니다.

'문해력文解力'이란 문자 그대로 글을 읽고 이해하는 능력을 의미합니다. 학교 현장에서는 수년간 지속된 코로나로 인한 기초 학습 결손, 디지털 기기의 무분별한 사용으로 인한 읽기 경험 부족 등 다양한 원인에 의해 학생들의 문해력이 학습에 심각한 영향을 줄 만큼 저하된 현실을 마주하게 됩니다.

이 책은 이러한 현실에 대한 현직 교사들의 고민에서 출발합니다. 양손에 책보다는 스마트폰을 들고 있는 것이 익숙한 친구들에게, SNS의 '숏폼(Short-form)' 콘텐츠를 보며 시간 가는 줄 모르는 학생들에게 알고 보면 참 재미있는 읽기의 가치를 깨닫게 하는 디딤돌이 되어 주고 싶었습니다.

책은 크게 세 부분으로 이루어져 있습니다. 읽기가 무엇인지 그 본질을 파악하는 첫 단계, 다양한 글의 성격을 고려하여 어떻게 하면 더욱 효율적인 글 읽기를 할 수 있는지 읽기의 방법론을 배우는 두 번째 단계, 그리고 자신의 읽기 과정을 점검·조정하며 능숙한 독자로서 첫걸음을 내딛고, 다채로운 독서 활동에 대해 알고 적용하는 마지막 단계입니다. 단계마다 중학 국어에서 다루는 중요한 개념과 이론들을 녹여 냈고 나아가 고등학생이 되었을 때 꼭 알아야 하는 수능 국어의 내용 역시 쉬운 언어로 담아냈습니다. 더불어 책의 내용은 2015 개정 교육 과정 및 2025년에 적용될 2022 개정 교육 과정의 내용을 충실하게 반영하였습니다. 읽고 이해하는 능력을 길러주는 동시에 국어 교과 학습에도 도움을 줄 수 있게 설계되었습니다.

김영하 작가는 《읽다》라는 산문집에서 "우주가 빛나는 별과 행성, 블랙홀 등으로 구성되어 있다면, 크레페 케이크를 닮은 우리의 작은 우주는 우리가 읽은 책으로 구성되어 있다."라는 말을 남겼습니다. 얇게 부친 반죽에 생크림과 초콜릿, 그리고 과일 등이 더해질 때 가장 맛있는 크레페 케이크가 완성되듯 인간의 세계 역시 책을 읽으며 갖게 된 지혜의 조각들이 각자의 자리에서 빛나며 완성된다는 의미일 것입니다.

이 책을 읽으며 읽기에 대한 지혜의 조각들이 쌓이고 그것들이 어우러져, 읽기의 가치와 즐거움을 깨닫게 되는 계기가 되기를 바랍니다. 나아가 읽기의 즐거움을 오롯이 경험하고, 손에서 책을 놓지 않는 평생 독자가 되는 여러분의 여정에 이 책이 다정한 길잡이가 되어 주기를 소망합니다.

차례

Part 1. 읽기는 무엇일까요?

문제 해결의 과정이에요

다양한 맥락에서 의미를 구성하는 과정이에요

> 언니, 학교에서 선생님께서 책을 많이 읽어야 훌륭한 사람이 된다고 말씀하셨어. 엄마도 틈만 나면 책을 읽으라고 하시는데, 재미도 없는 책을 왜 자꾸 보라고 하시는지 모르겠어~

하영 언니

> 하진이는 책보다 유튜브를 보는 게 더 좋아서 그런 거지?

> 어떻게 알았지?
> 역시 언니는 내 언니가 맞네~

하영 언니

> 내가 원래 니 언니 아니었니! 😲

> 그게 아니라 그만큼 내 마음을 잘 알아준다는 거지~ 그건 그렇고 도대체 읽기가 뭐기에 어른들께서 읽기를 강조할까?

하영 언니

> 나도 잘은 모르는데 많이 읽으면 지식도 쌓을 수 있고 문제 해결 능력도 키울 수 있다고 선생님께서 말씀하셨어.

> 책을 많이 읽으면 지식을 쌓을 수 있다는 말은 나도 이해가 되는데, 모든 책들이 문제집도 아니고 어떻게 문제를 해결하는 능력을 키워 준다는 거지?

하영 언니

> 하진아, 책을 읽다가 모르는 낱말이 나오거나 무슨 뜻인지 잘 모르거나 애매모호한 문장이 나오면 어떻게 하니?

> 음... 나는 모르는 말이 나오면 그냥 넘어가질 못해. 인터넷 사전을 찾아봐~

하영 언니

> 읽다가 무슨 뜻인지 그 의미가 애매모호한 문장이 나오면?

> 학교에서는 선생님께, 집에서는 엄마, 아빠께 여쭤봐. 근데 가끔은 그냥 넘어가~

하영 언니

> 모르는 말이나 이해가 안 되는 문장을 만난 것이 문제 상황이고,

> 사전을 찾아서 모르는 낱말의 의미를 파악하거나, 어른들에게 여쭈어 애매모호한 문장의 의미를 이해하는 것이 문제를 해결하는 거야.

아, 이제 문제 해결 능력이 뭔지 알겠네.

그럼 읽는다는 건 그냥 글자를 보는 게 아니라 문제를 인식하고 해결하는 과정이라는 거지.

하영 언니

아이고 우리 동생 똑똑하네.

그런데 하진아, 글을 읽다 보면 글의 주제나 중심 생각이 잘 드러나 있지 않아서 그것을 찾아내야 할 때도 있어. 또 글쓴이의 주장이나 생각이 합리적인지를 따져 보기도 하게 되지. 이런 경우도 문제 해결 과정이라고 볼 수 있지 않을까?

문제 해결의 과정이에요

우리가 무엇인가를 읽을 때 어떤 것들이 관련되어 있을까요? 또 무엇이 필요할까요? 일단 읽을 '글'과 그것을 읽는 '독자'가 필요할 것입니다. 그리고 독자 자신이 글을 읽고 있는 어떤 상황, 곧 맥락이 필요할 것입니다. 일반적으로 독자는 자신이 가진 배경지식을 활용하여 글을 읽습니다. 이미 알고 있는 지식을 활용하여 글의 내용을 이해하는 것이죠. 그래서 '글', '독자의 배경지식', 그리고 '읽기 맥락'을 읽기의 3요소라고 합니다.

읽기의 3요소

배경지식과 글에 나타난 정보를 활용하여 문제 해결

여러분 혹시 '나무 문어'라는 말을 들어 보았나요? '나무 문어'라는 말을 듣자마자 여러분은 '나무 문어'와 관련된 지식을 떠올려 볼 것입니다. 이때 여러분이 떠올리는 지식을 독자의 배경지식이라고 합니다. 배경지식은 독서 상황에서 독자가 글에서 다루고 있는 내용이나 주제를 보고 떠올린 지식을 말합니다. 배경지식은 독자가 읽기 과정에서 만나게 되는 문제를 해결하는 열쇠 중 하나가 될 수 있습니다.

태평양 북서 나무 문어(Octopus paxarbolis)는 온대 기후 지역에서 찾아볼 수 있습니다. 나무 문어의 서식지는 북미 해안가 올림픽 반도의 올림픽 산맥 동쪽, 후드 운하에 인접해 있습니다. 나무 문어의 팔 끝에서 맨틀 끝까지 길이는 두족류의 평균 크기 정도입니다. 여타의 두족류와 달리 나무 문어는 육지와 물에서 모두 살 수 있지만, 생애 초반과 짝짓기 기간은 주로 물에서 보냅니다. 열대 우림 특유의 습한 환경과 특이한 진화로 인해 피부가 쉽게 건조해지지 않습니다. 물이 고인 웅덩이에서 휴식을 취하곤 합니다.

위의 예시를 본 후 어떤 생각이 드나요? '나무에 사는 문어는 어떤 특성이 있을까?', '나무 문어에 대해 들어 봤던 적이 있나?', '나무 문어는 어떤 나라에서 살고 있나?', '나무 문어를 보거나 잡은 사람이 주변에 있는가?', '나무 문어의 멸종을 막을 방법은 어디에서 찾지?'

등의 생각을 하게 될 것입니다.

이런 생각들 자체가 여러분이 자료를 읽거나 보면서 만나게 된 문제 상황입니다. 이 문제를 해결하기 위해 어떤 사람은 문어와 관련된 경험을 떠올려 보거나 백과사전에서 나무 문어에 대해 찾아보기도 하고, 관련 누리집을 찾아 자료를 조사하거나 문어 전문가가 말한 내용을 찾아 확인할 것입니다. 이때 문어와 관련된 경험이나 지식은 문제의 해결을 위해 자신의 머릿속에서 활성화된 배경지식이라고 할 수 있습니다.

우리는 글을 읽으면서 이해가 되지 않거나 의심스러운 부분이 있을 때 우리가 가지고 있는 배경지식을 활성화하고, 글에 나타난 정보를 통해 그 문제를 해결하려고 합니다. '태평양', '나무' 등이 글에 나타난 정보인데, 우리는 이를 통해 지금 다루고 있는 문어가 태평양 지역의 나무에 사는 문어라는 정보를 얻게 됩니다. 그렇지만 우리가 배경지식을 아무리 떠올려 봐도 '나무 문어'와 관련된 지식이 생각나기는 어려울 것입니다. 아마도 여러분은 '나무 문어'라는 말을 대부분 처음 들어 봤을 것입니다. 사실, '나무 문어'에 관한 내용은 미국의 중학생 독자가 제공되는 정보를 얼마나 사실에 충실히 받아들이는가를 측정하기 위해 만들어진 가상의 내용이기 때문입니다. 위 텍스트에서 제공하는 정보는 사실적인 정보가 아니라 가상의 정보이기 때문에 문제 해결에 도움이 되는 것이 아니라 문제 해결을 방해하는 요소로 작용할 수도 있습니다.

우리는 배경지식을 활성화하고 글에 나타난 정보를 활용하면서 발생하는 문제를 해결해 나갑니다. 이처럼 무엇인가를 읽는다는 것은 문제를 인식하고, 인식한 문제를 해결하기 위해 다른 사람과 상호 작용하는 사회적 행위라는 사실을 알 수 있습니다.

예시문 ①

배양육의 운명

① 세포를 키워 만든 인공 고기 '배양육', 먹을까 말까. 미국 식품 의약국(FDA)은 먹어도 된다고 했다. 한 스타트업이 개발한 배양육 닭고기를 1년 넘게 심사하고 나서 지난달 '더 이상 질문이 없다(No questions)'며 승인해 줬다. 보통 닭고기만큼 안전하다고 판단했단 뜻이다. 시판의 마지막 관문인 농무부(USDA) 검사를 통과할 경우, 이르면 내년 미국인들 식탁에 배양육이 오를 수 있을 것이다. 과연 잘 팔릴까.

② 밀, 콩, 버섯 등으로 만든 식물성 고기 시장은 제한적이다. 진짜 고기랑 달라서 비건 아니면 잘 찾지 않는다. 혈액 속 헤모글로빈에서 고기 고유의 맛과 색을 내는 분자를 찾아 넣어 보고, 미생물을 발효시켜 고기 향 나는 소재를 얻어 추가해 봤지만, 한계가 있었다.

배양육은 이 한계를 넘었다. 진짜 고기와 모양도 영양 성분도 닮았다. 기존 축산보다 물을 덜 쓰고 탄소 배출도 적고 동물을 죽일 필요도 없으니, 그린슈머도 다 잡은 고객일 터다.

③ 가축의 근육에서 줄기세포를 뽑아 배양기에서 키우면 자기들끼리 뭉쳐 근육 조직이 된다. 이게 쌓이고 쌓여 고깃덩어리가 된다. 2013년 네덜란드 연구진은 이렇게 얻은 패티로 햄버거를 만들어 학회에서 시식회를 열었다. 배양육 상업화 가능성이 확인된 순간이었다. 이후 배양 기술이 발달하면서 덩어리는 커지고 생산비는 줄었다. 2020년 싱가포르가 처음 시장 문을 열었다. 10년도 안 돼 실험실에서 식탁으로 자리를 옮긴 배양육은 가격 경쟁력이 필요하다. 이번에 승인된 닭고기값은 기존 축산 제품의 두 배 정도라고 한다. 한 근에 수만 달러 하던 때에 비하면 많이 내렸다.

④ 허들은 더 있다. 축산업계에선 배양육을 '고기'라 부르지 말아 달라고 요구한다. 진짜 고기와 구별하려면 '육가공 제품'이라고 해야 하나. 도축은 안 하지만 어쨌든 원재료가 동물 세포다. 비건이 받아들일 수 있을까. 세포를 배양해 만든 약은 여러 나라에서 써 왔지만, 식품은 아직이다. 어떤 세포를 골라 얼마나 안전하게 키우느냐를 감독할 필요가 있다. 먹을 것 갖고 장난치는 이들이 세포에 무슨 짓을 할지 모르지 않나.

- 《한국일보》, 임소형 기자, 2022년 12월 2일

위의 예시문은 설명하는 글일까요? 아니면 주장하는 글일까요? 겉으로 보면 '배양육'의 실태를 설명하는 글처럼 보입니다만, 자세히 보면 배양육에 대한 글쓴이의 생각이나 주장을 나타낸 글이라고 볼 수

있습니다. 그리고 배양육을 바라보는 글쓴이의 생각은 마지막 문단의 마지막 문장에 드러나 있습니다.

글쓴이의 의도를 파악하기 위해서 먼저 우리는 '배양육'에 관한 우리의 배경지식을 떠올립니다. '배양육이 뭐지?', '배양육을 먹어 본 경험이 있었던가?' 등의 질문을 하면서 글에서 제시된 정보와 결합하여 글의 내용을 이해하려고 할 것입니다. '배양육'이란 낱말의 뜻을 찾아보기도 하고, '세포를 키워 만든 인공 고기'라는 필자가 제공한 정보를 통해 '배양육'이란 어떤 것인지를 이해하기도 합니다. 그렇지만 '비건', '그린슈머'와 같은 낯선 단어의 의미를 이해하기 위해서는 사전을 찾아보거나 주변 사람들에게 물어보면서 '채식주의자', '환경 보호에 도움이 되는 제품을 구매하는 소비자'를 뜻한다는 것을 알게 될 것입니다. 또 '허들'과 같이 비유적으로 쓰인 단어의 의미를 단번에 알아차리기 어려울 때는 '허들'이라는 말이 쓰인 앞뒤 문맥을 따져 '뛰어넘어야 하는 장애물'이라는 의미를 찾아내기도 합니다. 그리고 이 모든 과정이 바로 글을 읽으면서 의미를 구성하고, 문제를 해결하는 과정이라고 할 수 있습니다. 이렇게 모르는 단어의 의미를 찾고, 애매모호한 단어나 문장의 의미를 파악해도 이 글을 쓴 글쓴이의 생각과 의도는 맨 마지막 문장에 와서야 확인됩니다.

글쓴이의 주장	어떤 세포를 골라 얼마나 안전하게 키우느냐를 감독할 필요가 있다.
주장을 뒷받침하는 근거	먹을 것 갖고 장난치는 이들이 세포에 무슨 짓을 할지 모른다.

결론적으로 글쓴이는 배양육에 대해 아직은 부정적으로 생각하고 있습니다. 이 글은 전체적으로 4개의 문단으로 이루어져 있으며, 글쓴이의 주장이 드러난 마지막 문단을 제외하고는 얼핏 보면 배양육에 대해 긍정적으로 진술하고 있는 것처럼 보입니다.

문단	중심 내용
①	내년이면 미국인의 식탁에 오를 수도 있을 것이다.
②	환경을 생각하는 소비자의 마음도 사로잡을 수 있을 것이다.
③	아직도 비싸긴 하지만 배양육의 가격이 많이 내렸다.
④	어떤 세포를 골라 얼마나 안전하게 키우느냐를 감독할 필요가 있다.

마지막 문단을 만나기 전까지 아마도 독자는, 글쓴이가 동물을 사육하고 도축하는 비인간적이고 비위생적인 문제 해결을 위해 '배양육'이 필요하다고 생각하는 것으로 느꼈을 가능성이 큽니다. 하지만 글을 끝까지 정확하게 읽어 보면 글쓴이는 반대의 주장을 하고 있다는

것을 알 수 있습니다. 특히 글쓴이는 ③에서 배양육의 가격이 아직은 우리가 현재 먹고 있는 고기의 가격에 비해 비싸서 당장 경쟁력이 있지는 않을 것 같다고 말하고 있습니다. 그러면서 바로 그 이유, 곧 배양육의 가격 경쟁력을 높이기 위해 누군가가 무슨 짓을 할지 모른다고 걱정하며 배양육 유통에 우려를 표하고 있습니다. 어떻게 보면 글쓴이는 배양육 자체에 대해 반대하는 것이 아니라, 가격 경쟁력을 갖기 위해, 곧 가격을 일반적인 고기만큼 내리기 위해 무슨 짓을 할지 모르는 인간의 욕망을 우려하고 있는 것으로 파악할 수 있습니다.

이처럼 글에 주제나 중심 생각이 직접 드러나 있지 않아서 그것을 추론(미루어 짐작)하면서 읽을 때 자신이 가진 배경지식이나 글의 흐름을 통해 의미를 파악해야 할 때도 있습니다.

결국 읽기는 글에 나타난 정보와 독자의 배경지식을 활용하여 문제를 해결하는 과정입니다. 앞서 '나무 문어'라는 글을 접했을 때 독자는 문어에 대한 지식을 활성화하여 문제의 해결을 시도할 것입니다. 또는 글에 나타난 정보를 바탕으로 문제 해결을 시도할 것입니다. 만약 자신이 가지고 있는 배경지식 내에서 나무에 문어가 산다는 지식이 없거나 제시된 글에 문제 해결에 필요한 정보가 부족할 때, 독자는 다른 사람의 견해나 의견을 참고하여 글의 내용을 이해하려고 할 것입니다. 그리고 이러한 행위가 바로 글의 의미를 구성하는 과정이라 볼 수 있습니다.

외적 문제 해결을 위한 방편으로서의 읽기

우리는 살아가면서 다양한 문제를 만나게 됩니다. 그것은 가족이나 친구 사이의 갈등일 수도 있고, 내면의 고민일 수도 있습니다. 아니면, 오르지 않는 성적 때문에 겪게 되는 문제일 수도 있습니다. 이렇게 다양한 문제에 직면했을 때 우리는 해결을 위한 방법을 찾게 됩니다. 갈등을 빚고 있는 사람과 대화를 통해 갈등을 풀 수도 있고, 전문가의 도움을 받아 문제를 해결할 수도 있습니다. 또 독서를 통해 문제 해결 방법을 찾을 수도 있습니다.

앞에서 다룬 '나무 문어'처럼 배경지식과 글에 제시된 정보만으로는 문제가 해결되지 않았을 때는 다른 사람, 특히 그 분야 전문가의 도움을 받아 문제를 해결할 수 있습니다. 우리가 '나무 문어'에 관한 문제를 해결하기 위해서는 '문어'에 관한 전문가의 도움이 필요한 것이지요. 미디어가 발달한 요즘에는 문제 해결의 도움을 받기 위해 꼭 전문가를 만나 면담하지 않아도 전문가가 자료나 의견을 올려놓은 블로그나 홈페이지 등을 참고하면서 문제 해결을 위한 도움을 받을 수도 있습니다.

여러분이 '나무 문어'에 대해 앞서 언급한 내용이 사실인지를 판단하기 위해 전문가를 찾아보아도 딱히 전문가를 찾아내기란 어려울 것입니다. 또한 책이나 자료를 구하려 해도 마땅한 관련 자료를 찾기도 어려울 것입니다. 이런 과정을 통해 여러분은 위 자료가 독자의 관심을 얻기 위해 가상으로 만들어진 자료라는 사실을 파악할 수 있을 것입니다.

지금이야 영상 제작이나 공유라는 방법을 통해 특정한 문제의 해결을 꾀할 수 있습니다. 하지만 디지털 매체가 나오기 전 인류는 세상에 대한 지식과 문제의 해결 방법을 책이라는 도구에 담아 다음 세대로 전수해 왔습니다. 요즘과 같은 디지털 세상에서도 사람들은 자신이 진단한 세계의 문제에 대한 해답을 책이라는 도구에 담고는 합니다. 우리가 '책을 읽는다'는 의미는 단지 글자를 읽고 내용을 이해하는 데에 그치지 않습니다. 나보다 먼저 어떤 문제를 고민했던 사람들이 직접 경험하고 탐색했던 해결책을 타인과 공유하여 자신처럼 시행착오를 겪지 않기를 바라는 마음을 담아 기술한 것이, 바로 책입니다. 그러므로 우리는 다른 사람이 쓴 책을 통해 우리가 직접 체험하지 않았던 경험을 할 수 있습니다. 그리고 거기에는 수많은 시행착오 끝에 나온 문제에 대한 해결 방안이 담겨 있으므로 우리는 독서를 통해 문제 해결에 필요한 답안을 찾을 수 있습니다.

앞에서 언급되었던 '배양육의 운명'이라는 글은 인류의 증가하는 육류 소비로 인해 지구 환경이 파괴되어 가는 것을 걱정하는 차원에서 나온 '배양육'이 가진 가능성과 한계에 대해 다루고 있습니다. 동시에 이 글은 '배양육'을 둘러싼 문제를 다루는 과정에서 우리가 고민해야 하고 해결해야 하는 육류 소비로 인한 환경 파괴라는 중요한 문제를 언급하고 있기도 합니다. 배양육이 육류를 대체할 수 없다는 점을 드러냄과 동시에 그것이 육류 소비의 문제를 해결하는 방법이 될 수 없음을 지적하면서, 정확한 대처가 필요하다고 역설하고 있습니다. 우리는 이러한 글을 읽으면서 육류와 배양육과의 관계를 알게 되고, 현재로서는 배양육이 육류를 대체하기는 어렵다는 사실도 알게 됩니다. 이처럼 독서는 지식 습득의 과정이자 문제의 해결책을 탐색하는 과정이라고 할 수 있습니다.

이것만은 알아 두세요

1. 읽기의 3요소

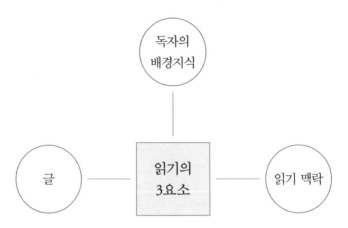

2. 문제 해결로서의 글 읽기

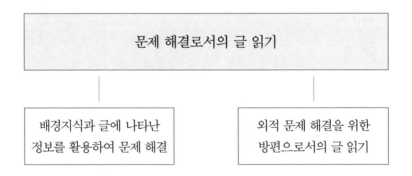

풀어 볼까? 문제!

1. 독서 상황에서 글에서 다루고 있는 내용이나 주제와 관련된 독자의 지식을 가리키는 말은 무엇일까요?

2. 다음은 읽기에 대한 설명입니다. 다음 글은 읽기의 어떤 성격을 나타내는지 말해 봅시다.

> 하영이는 사회 시간에 선생님께서 과제로 내주신 '문화 상대주의'에 대해 알아 보기 위해 도서관에서 관련 책들을 빌려 읽은 후 보고서를 작성했다.

(1) 하영이가 독서를 하게 된 상황과 목적:

(2) 관련된 읽기의 요소:

(3) 하영이가 수행한 읽기의 성격:

정답

1. 배경지식

2. (1) 사회 선생님이 내주신 과제를 해결하기 위해

   (2) 읽기 맥락

   (3) 외적 문제 해결을 위한 방편으로서의 읽기

다양한 맥락에서 의미를 구성하는 과정이에요

또 다른 측면에서 읽기는 사회·문화적 맥락에서 의미를 구성하는 과정입니다. 같은 내용이더라도 독자가 처한 사회·문화, 역사적 배경에 따라 달리 읽힐 수가 있습니다. 예를 들어, 남한과 북한의 분단 상황을 다룬 글을 읽을 때 북쪽에 가족을 두고 온 실향민과 전쟁을 경험하지 않은 세대가 느끼는 감정은 매우 다를 수 있습니다. 글의 내용이 실향민에게는 뼈아픈 사실로 받아들여지겠지만 전쟁을 경험하지 않은 세대에게는 '아, 이런 일도 있었구나'하는 정보 정도로 받아들여질 수도 있기 때문입니다.

읽기와 관련된 사회·문화적 맥락

어느 지방 자치 단체에서 한우 소비를 늘리기 위해 한우 축제를 열고 이를 알리려 다음과 같이 안내하였습니다. 소를 도축하여 전시 및 판매하면서 1,000명이 동시에 식사할 수 있는 공간을 마련하고, 다양한 한우 요리 체험 등을 준비했다고 합니다.

안내문

횡성 한우 축제

횡성은 전통적인 한우의 고장으로, 예부터 4대 우시장의 하나인 강원도 횡성 한우 시장이 자리하고 있습니다. 매년 가을 강원도 횡성군 섬강 일대에서 5일간 횡성 한우 축제가 열려 횡성 한우의 우수성을 널리 알리고 있습니다. 축제 기간 동안 횡성 한우 고기를 전시 및 판매하며 셀프 음식점을 운영하고 있습니다. 또한 한우 시식회, 한우 품평회, 한우 요리 체험 등이 열립니다. 소를 주제로 한 사진과 조각품이 전시되고 각종 공연, 노래자랑 대회가 열립니다.

일시: 2024.05.01~2024.05.05
장소: 횡성종합운동장

만약 이 안내문을 인도에서 유학 온 친구에게 보여 주면서 같이 가자고 권유하면, 아마도 그 친구는 상당한 불쾌감을 느낄 것입니다. 인도의 사회·문화, 역사적 배경에서 소는 신이 다른 모습으로 나타난 것(현현顯現이라고 합니다)이기에 소를 먹고 소를 전시하는 행위는 신을 모독하는 것과 마찬가지입니다. 따라서 자신에게 그런 행사에 참여하자고 권유한 것은 한국의 문화 체험이 아니라 인도의 문화와 역사에 대한 모독으로 느껴질 수도 있습니다.

마찬가지로 독자가 가지고 있는 사회·문화, 역사적 배경이 책을 읽을 때 의미를 구성하는 중요한 역할을 하게 됩니다. 이처럼 독자가 책을 읽을 때 개입되거나 관련되는 사회적이고 문화적인 맥락을 사회·문화적 맥락이라고 합니다.

사회와 문화는 서로 관련이 있으며, 유사한 면과 다른 측면이 모두 존재합니다. 사회적 맥락은 사회에 관계된 사물, 사건, 생각 등의 이면에 숨겨진 사정이나, 인물의 행위가 벌어지는 물리적이거나 정신적인 시간과 장소를 가리킵니다. 이에 반해 문화적 맥락은 어떤 사람이 자신이 속한 민족, 인종, 성별, 언어, 지역에 따라 가지게 되는 문화적 경험을 가리킵니다. 사회적 맥락과 문화적 맥락은 서로 다른 것 같지만 겹치는 부분도 많아 '사회·문화적 맥락'이라는 형식으로 제시되는 경우가 많습니다. 예를 들어, 인도에서 소고기를 먹지 않는 것은 인도의 문화적 특징이지만, 인도라는 장소와 특정 시간에 형성된 관념이라는 측면에서는 사회적 배경으로도 볼 수 있기 때문입니다.

우리는 또한 읽기를 통해 공동체가 구성한 의미를 협력적으로 소통하면서 타인의 삶에 대해 이해하고, 공동체가 지향해야 할 가치를 발견할 수 있습니다. 예를 들어, 앞에서 다루었던 '배양육의 운명'이라는 글을 국어 시간에 모둠별로 읽고 활동했다고 칩시다. 어떤 모둠에서는 환경 오염과 지구 온난화를 늦추기 위해서는 배양육이 꼭 필요하다고 생각할 수도 있고, 다른 모둠에서는 글쓴이의 생각을 좇아 배양육을 활성화했다가는 인류의 건강을 해치는 어떤 끔찍한 일이 벌어질지 모르므로 조심스럽게 접근해야 한다고 생각할 수도 있습니다. '배양육'에 대해 서로 다른 생각을 지닌 모둠끼리 의견을 교환하면서 같은 문제에 대해 다르게 생각할 수도 있다는 것을 알게 될 것입니다. 또한 공동체 구성원들이 구성한 의미를 협력적으로 소통하면서 '비건(채식주의자)'이라는 다른 공동체 구성원의 시각을 발견할 수도 있습니다. 혹은 가축 사육 등으로 인한 환경 오염과 질병, 그리고 지구 온난화 등의 문제를 인식하면서 공동체가 지향해야 할 가치를 발견할 수도 있을 것입니다.

사회·문화적 맥락에서 의미를 구성하는 과정

이처럼 우리는 글을 읽으면서 읽기가 결국 사회·문화적 맥락에서 의미를 구성하는 과정임을 이해하게 됩니다. 그래서 우리가 공동체의 구성원들과 함께 글을 읽고 소통하는 것은 개인적인 독서 차원에 머무는 것이 아니라 사회적 독서에 참여하는 행위가 됩니다. 우리는 다음과 같은 과정을 실천하면서 사회적 독서에 참여하고, 이를 통해 독서 문화 형성에 이바지할 수 있습니다.

앞에서 살펴본 글 '배양육의 운명'을 다음의 절차에 따라 읽어 봅시다.

| 1단계 | 사회·문화적으로 가치 있는 주제의 글을 선정하여 읽기 | 육식이 지구 온난화를 가속화하므로 육식을 대체하는 대체육(배양육)의 문제를 다루는 것도 의미가 있으므로 '배양육의 운명'이라는 글을 읽어 봐야겠어! |

⇩

| 2단계 | 사회·문화적 맥락을 고려하여 필자의 의도 파악하기 | 이산화 탄소 배출로 인한 지구 온난화 방지에 배양육이 대안이 될 수 있지만 상업적 이익을 위해 안전성을 해칠까 우려되는군! |

⇩

| 3단계 | 독서 토론 등을 통해 구성원 간의 다양한 의미 교환하기 | 안전성이 걱정되는 상황에서 배양육이 필요할까? 배양육은 육식을 대체할 수 있을까? 채식이 인간과 지구 환경에 가장 바람직한 식생활 습관일까? |

⇩

| 4단계 | 사회·문화적 맥락에서 새로운 의미 발견하기 | 식육 생산으로 인해 이산화 탄소 배출이 늘고 있고, 이를 대신할 대체육이 필요하지만 가격과 안정성에 문제가 있음. 또 그 어떤 방법도 이산화 탄소 배출을 없앨 수는 없지만 이산화 탄소를 줄이는 데 모두의 동참이 필요할 것 같아! |

⇩

| 5단계 | 사회적 독서 문화 형성하기 | 이처럼 사회적 문제에 대해 같은 공동체 안에서도 달리 생각할 부분들이 있음. 그러므로 평소 공동체의 문제에 대해 관점이 다른 사람과 의견을 주고받으면서 서로의 의견을 조정하고 합리적인 해결책을 마련해 가는 올바른 독서 문화를 형성할 수 있겠어! |

사회·문화적으로 가치 있는 주제의 글을 선정하여 읽은 후, 필자의 의도를 파악하고, 독서와 토론을 통해 의미를 교환합니다. 이 과정을 통해 새로운 의미를 발견하고 공유하면서 사회적 독서 문화를 형성합니다. 이 과정은 독서가 어떻게 사회·문화적 의미를 구성하고 사회적 독서 문화를 형성해 나가는지를 잘 보여 줍니다. 그러므로 여러분이 평소에 책을 읽고 친구들과 토론하며 생각을 공유하고 발전시켜 나가는 행위 모두가 사회적 맥락에서 의미를 구성해 나가는 활동이라고 볼 수 있습니다.

이것만은 알아 두세요

1. 사회·문화적 맥락

사회·문화적 맥락

사회적 맥락	문화적 맥락
사회에 관계된 사물, 사건, 생각 등의 이면에 숨겨진 사정이나 인물의 행위가 벌어지는 물리적이거나 정신적인 시간과 장소	어떤 사람이 자신이 속한 민족, 인종, 성별, 언어, 지역에 따라 가지게 되는 문화적 경험

2. 사회·문화적 맥락에서 의미를 구성하는 과정

1단계	사회·문화적으로 가치 있는 주제의 글을 선정하여 읽기

⇩

2단계	사회·무화적 맥락을 고려하여 필자의 의도 파악하기

⇩

3단계	독서 토론 등을 통해 구성원 간의 다양한 의미 교환하기

⇩

4단계	사회·문화적 맥락에서 새로운 의미 발견하기

⇩

5단계	사회적 독서 문화 형성하기

풀어 볼까? 문제!

1. 사회에 관계된 사물, 사건, 생각 등의 이면에 숨겨진 사정이나 인물의 행위가 벌어지는 물리적이거나 정신적인 시간과 장소를 가리키는 말을 써 봅시다.

2. 다음은 사회적 독서에 참여하는 과정입니다. 다음의 빈칸을 채워 봅시다.

1단계	사회·문화적으로 가치 있는 (㉠)의 글을 선정하여 읽기

⇩

2단계	사회·문화적 맥락을 고려하여 필자의 (㉡) 파악하기

⇩

3단계	독서 토론 등을 통해 구성원 간의 다양한 의미 (㉢)하기

⇩

4단계	(㉣) 맥락에서 새로운 의미 발견하기

⇩

5단계	사회적 독서 (㉤) 형성하기

정답

1. 사회적 맥락

2. ㉠ 주제, ㉡ 의도, ㉢ 교환, ㉣ 사회·문화적, ㉤ 문화

Part 2. **어떻게 읽어야 할까요?**

목적에 따라 읽어요!

전략적으로 읽어요!

언니, 선생님께서 방학 때 책을 많이 읽으라고 말씀하셨는데, 솔직히 나는 책을 어떻게 읽어야 할지 모르겠어.

하영 언니

와우, 유튜브광이신 우리 동생이 책에 관심을 보이다니 무슨 일이 있는 거냐?

유튜브가 재미있긴 한데 매일 보다 보면 지겹기도 하고, 또 숙제랑 이것저것 할 때마다 궁금한 게 생기는데 아는 게 별로 없어서~

하영 언니

그래 책을 참고해서 숙제할 때도 많긴 하지. 그렇다고 숙제하려고 책을 읽는 건 아니야. 그렇게 되면 책도 금방 지겨워져.

근데 언니, 책을 읽는 방법이 따로 있는 거야? 사람마다 읽는 방법이 달라 보여서.

하영 언니

그렇지, 책을 읽는 어떤 절대적인 기준이나 방법은 없어.

어떤 사람은 차례를 꼼꼼히 살 핀 후 읽기도 하고, 처음부터 끝 까지 읽는 사람이 있는가 하면, 어떤 사람은 관심이 가는 부분 부터 읽는 경우도 있어.

중간부터 읽는 사람도 있다고?

 하영 언니

그럼~ 사람의 취향과 방법에 따라 읽는 방법이 달라지는 거 지. 또 읽는 목적에 따라 다르고.

그렇긴 하겠네. 소설을 중간 부터 읽는 사람은 드무니.

 하영 언니

그래도 책을 읽는 일반적인 방 법은 있다고 국어 선생님께 들 었어.

내가 궁금한 게 그거야. 나 좀 알려 주라~

 하영 언니

선생님께서는 책을 읽기 전에 하는 활동과 읽으면서 하는 활 동 그리고 읽고 나서 하는 활동 이 좀 다르다고 말씀하셨어.

읽기는 '읽기 전', '읽기 중', '읽기 후' 활동으로 나뉜다는 거지.

언니, 뭔가 복잡해 보이는데~

 하영 언니

그렇게 복잡하지는 않아. 우리가 책을 보면서 하는 행동들을 살펴보면 이 과정을 이해할 수 있어.

나는 책을 보면 졸음이 와서 하품하는데, 그럼 하품하는 행동은 '읽기 중' 활동인가?

 하영 언니

흔히들 독서를 등산에 비유합니다. 등산이 육체와 정신 건강에 좋다고 해서 무작정 산에 올랐다가는 도리어 무릎 관절이 상하는 등 건강을 해치거나 위험에 빠질 수도 있습니다. 또 산행하기 전에 미리 탐색하고 준비해야 즐겁고 안전한 산행을 마칠 수 있을 것입니다.

독서도 마찬가지입니다. 읽으면 좋다고 해서 무작정 읽으면 도리어 지루함을 느끼거나 중도에 포기할 가능성도 있습니다. 독서 또한 미리 탐색하고 준비한다면 유익하게 마칠 수 있을 것입니다.

등산 전 우리는 어느 산을 어떤 경로로 오를 것인지, 준비해야 할 것은 무엇인지 등을 알아 둬야 합니다. 이미 가 본 산이나 경로로 간다면 괜찮지만, 이전에 가 보지 않은 산이나 경로라면 미리 파악하고 알아 두어야 합니다. 그래야 길을 잃지 않고 즐겁고 안전하게 산행을 마칠 수가 있을 것입니다. 미리 가고자 하는 산에 대한 지식을 쌓아 두는 것이죠.

본격적으로 산에 오르기 전에는 반드시 준비 운동을 해야 합니다. 의욕이 앞서 바로 산에 오르면 평소와는 다른 움직임으로 근육이나 인대 등에 무리가 될 수 있습니다. 그래서 산에 오르기 전에는 충분히 근육을 풀어 주어야 몸의 손상을 막을 수 있습니다. 독서 또한 마찬가지입니다. 책을 읽기 전에 읽을 책과 관련된 경험을 떠올려 보거나, 제목이나 차례 등을 보면서 책의 내용을 예측하거나 질문해 본다면 실제로 독서를 할 때 많은 도움이 될 것입니다.

산에 올라서는 자신이 오르고 있는 길이 자신이 미리 조사하거나 파악한 길과 일치하는지 점검해야 합니다. 물론 널리 알려진 사람들이 많이 찾는 산에는 이정표가 잘 갖추어져 있지만, 인적이 드문 산에 갈 때는 자신이 파악한 정보와 실제 상황이 일치하는지 계속해서 점검해야 길을 잃지 않고 목적지에 도달할 수가 있습니다.

우리가 산에서 이정표를 따라 길을 걷듯이, 책을 읽을 때도 제시된 책의 내용이나 정보를 따라 읽기를 수행하게 됩니다. 글을 읽으면서 중심 내용을 찾거나, 제시된 정보를 통해 다음에 이어질 내용이나 언급되지 않은 내용을 추론하기도 합니다. 또 앞서 책을 읽기 전에 예측했던 내용과 실제로 책에서 기술된 내용을 비교하면서 읽기도 합니다.

산행을 마친 후에 대개는 산행에 함께 했던 동료들과 밥을 먹거나 차를 마시면서 산행을 마무리합니다. 이 자리에서 이번 산행의 좋았던 점, 불편했던 점 등에 대해 서로 의견을 나누면서 산행을 정리하고 다음 약속을 잡기도 합니다. 마찬가지로 독서를 마친 후에 글의 구조를 파악하거나 중심 내용을 요약하면서 읽은 글의 의미를 파악하게 됩니다. 또 글을 자신의 관점에서 비판적으로 바라보기도 합니다.

등산에 전, 중, 후 활동이 있듯이, 읽기에도 읽기 전, 읽기 중, 읽기 후 활동이 있습니다. 그리고 이것이 바로 '어떻게 읽을까'에 해당하는 읽기 전략에 해당한다고 볼 수 있습니다. 2015와 2022 교육 과정에 제시된 성취 기준을 중심으로 읽기 전략을 살펴보겠습니다.

목적에 따라 읽어요!

설명 방식을 파악하고 타당성을 평가해요

우리는 일상에서 정보 전달을 목적으로 하는 글을 많이 접합니다. 정보를 전달하는 글은 글쓴이가 어떤 대상에 대한 정보를 알리고 설명하려는 목적으로 쓴 글입니다. 여러분은 정보를 얻기 위해 글을 읽은 경험이 있을 것입니다. 편의점에서 간편식을 산 후에 맛있게 먹기 위해 설명서를 참고하여 조리해 먹은 경험, 새 전자 기기를 잘 사용하고 싶을 때 설명서를 참고하거나 다른 사람이 블로그 등에 설명해 놓은 글을 찾아 읽은 경험 등이 있을 것입니다. 여러분이 설명서나 설명하는 글을 찾아 읽는 이유는 설명 대상을 더욱 잘 이해하기 위해서입니다. 그럼, 지금부터 글에 사용된 다양한 설명 방법을 배워 볼까요?

가장 많이 쓰이는 설명 방법 – 정의, 예시, 비교와 대조, 인과

일반적으로 설명문에는 정의, 예시, 비교와 대조, 인과와 같은 설명 방법이 많이 쓰입니다. 설명 방법이란 글쓴이가 어떤 대상이나 개념을 설명하려고 할 때, 그 대상이나 개념을 읽는 이가 쉽게 이해할 수 있게 사용하는 방법을 말합니다. 이와 같은 설명 방법은 어떤 특징이 있는지 알아봅시다.

정의
삼각형은 일직선 위에 있지 않은 세 점을 맺는, 직선으로 이루어진 평면 도형을 가리킨다.
(특징: 설명하려는 대상의 본질이나 의미를 명확히 밝힘)

정의란, 설명 대상이나 혹은 그것과 관련된 낱말에 대해서 뜻풀이하여 전개하는 방법으로, 어떤 용어의 개념을 다른 말로 서술하는 설명 방법입니다. 삼각형의 정의를 보면 '삼각형'은 여러 평면 도형 중 세 변 또는 세 점을 맺는 직선으로 이루어진 도형임을 알 수 있습니다. 이때 세 변 또는 세 점을 맺는 직선으로 이루어진 평면 도형은 삼각형만이 가지고 있는 특징이라고 할 수 있습니다. 이처럼 정의는 설명하려는 대상의 본질이나 의미를 명확하게 밝히는 효과적인 설명 방법입니다.

예시
한국인은 스포츠 경기 중 구기 종목을 좋아합니다. 특히 축구, 야구, 농구, 배구와 같은 공으로 하는 운동을 좋아합니다.
(특징: 구체적이고 친근한 사례를 통해 설명하려는 대상을 쉽게 이해시킴)

예시는 여러분에게도 아주 친숙한 개념입니다. 설명이 어렵거나 부족할 때 구체적인 예가 있다면 이해하기가 쉽겠죠? '구기 종목'이라는 말이 어렵다고 느껴져서 풀어 준 것일 수도 있고, 한국인이 특히 좋아하는 구기 종목을 구체적으로 설명해 준 것일 수도 있습니다.

비교와 대조
농구와 축구는 공으로 하는 운동이지만, 농구는 손으로 축구는 발로 하는 운동이다.
(특징: 두 대상 사이의 공통점과 차이점을 드러냄)

비교가 둘 이상의 대상을 견주어 서로 간의 유사점을 밝히는 방법이라면 대조는 둘 이상의 대상을 견주어 서로 간의 차이점을 밝히는 방법입니다. 위 예시문에서는 '농구'와 '축구' 모두 공으로 하는 운동이라는 공통점이, '농구'는 손으로 '축구'는 발로 하는 운동이라는 차이점이 드러나 있습니다. 이처럼 비교가 두 대상 사이의 관계를 통해 각각의 특징을 이해하는 데 효과적이라면 대조는 두 대상의 차이를 통해서 각각의 특징을 정확하게 파악할 수 있는 장점이 있습니다.

인과
사과가 아래로 떨어지는 것은 중력 때문이다.
(특징: 대상을 원인과 결과의 관계를 중심으로 설명함)

인과는 '원인과 결과'를 의미합니다. 어떤 결과를 가져오게 한 원인을 탐색하거나, 어떤 원인에 의하여 발생하게 된 결과를 분석함으로써 내용을 전개하는 방법입니다. 위 예문에서 '사과가 아래로 떨어지는 것'이 결과에 해당한다면, '중력'이 사과가 떨어지게 되는 원인이 됩니다. 인과를 사용하면 어떤 현상의 원인과 결과를 논리적으로 밝히면서 해결 방법을 제시할 수 있는 장점이 있습니다.

볼 때마다 헷갈리는 설명 방법 – 분류와 구분, 분석

이번에는 비슷해 보이지만 다른 개념을 공부해 봅시다. 구분과 분류도 헷갈리지만, 분석이라는 개념 역시 마찬가지입니다. 다음 예시문을 보면서 공부해 볼까요?

현악기	관악기	타악기

① 서양 악기는 연주 형태에 따라서 현악기, 관악기, 타악기로 나눌 수 있다.
② 바이올린·첼로와 같이 줄의 활을 이용해 줄을 마찰시키거나

줄의 진동을 이용하는 현악기, 트럼펫·호른과 같이 공기의 진동으로 소리를 내는 관악기, 팀파니·마림바와 같이 두드리거나 흔들어서 소리를 내는 타악기는 서양 악기를 대표한다.

③ 바이올린은 4개의 현(strings), 줄걸이(tailpeace), 줄받침(bridge), 지판(fingerboard)으로 이루어져 있다.

분류와 구분은 둘 이상의 대상을 종류별로 나누는 설명 방식이라는 점에서는 비슷합니다. 대상의 특징을 명확하게 이해할 수 있도록 관계있는 것들을 한데 묶어서 인식하는 방법이라는 점 역시 공통적입니다. 그래서 어떤 책에서는 구분과 분류를 동전의 양면처럼 생각하여 '구분과 분류'로 묶어서 제시하기도 합니다. 다만 구분이 전체를 일정한 기준에 따라 나누어 설명하는 방법이라면, 분류는 하나의 대상을 일정한 기준에 따라 종류별로 묶어 설명하는 방법이라는 점에서 차이가 있습니다.

분류와 구분
① 서양 악기는 연주 형태에 따라서 현악기, 관악기, 타악기로 나눌 수 있다.
② 바이올린·첼로와 같이 줄의 활을 이용해 줄을 마찰시키거나 줄의 진동을 이용하는 현악기, 트럼펫·호른과 같이 공기의 진동으로 소리를 내는 관악기, 팀파니·마림바와 같이 두드리거나 흔들어서 소리를 내는 타악기는 서양 악기를 대표한다.
(특징: 큰 것을 작은 단위로 나누거나, 작은 것을 큰 단위로 묶는 방법)

①에서는 '서양 악기'라는 전체를 '연주 형태'라는 기준에 따라 '현악기, 관악기, 타악기'로 나눴다는 점에서 '구분'이라는 설명 방법을 사용했습니다. ②에서는 '서양 악기'에 속하는 작은 항목들을 '연주 형태'라는 기준에 따라 종류별로 묶어 설명하는 분류를 사용했습니다. 큰 것을 작은 단위로 나누는 것을 구분, 작은 것을 큰 단위로 묶는 것을 분류라고 합니다.

분석은 하나의 대상을 몇 개의 부분이나 구성 요소로 나누어 설명하는 방법입니다. 분석은 분류나 구분과는 다르게 하나의 대상을 몇 개의 부분이나 구성 요소로 나누어 설명한다는 점에서 차이가 있습니다.

분석
③ 바이올린은 4개의 현, 줄걸이, 줄받침, 지판으로 이루어져 있다.
(특징: 대상을 작은 부분으로 쪼개어 각 부분의 특징을 잘 드러나게 서술함)

③번 문장은 '바이올린'이라는 대상을 '현, 줄걸이, 줄받침, 지판'으로 나누어 설명한다는 점에서 분석에 해당합니다. 분석의 '석析' 자에는 '가르다', '쪼개다'라는 의미가 있습니다. 대상을 작은 부분으로 쪼개서 각 부분의 특징을 잘 드러나게 서술했다면 분석이 됩니다.

알아 두면 좋은 설명 방법 – 부연·상술, 열거, 인용

이 밖에도 알아 두면 좋은 설명 방법을 알아보겠습니다. 부연·상술은 핵심적인 문장이나 문단의 내용을 보충하여 덧붙이거나 상세하게 풀어 설명하는 방법입니다. 눈치 빠른 친구들은 왜 부연·상술을 하는지 짐작이 갈 것입니다. 다음 문장을 봅시다.

① 미세 플라스틱(microplastics)은 플라스틱 제품이 분해되는 과정에서 생긴 5mm 미만의 작은 플라스틱 조각을 말한다.
② 미세 플라스틱은 음식을 싼 포장지나 비닐류, 물티슈, 티백 등이 분해되는 과정에서 배출되며, 이 밖에도 타이어 분진, 합성 섬유로 만든 옷을 세탁할 때 역시 발생한다.

①은 대상의 의미를 한정하는 정의가 쓰였는데, 이어진 ②에서 미세 플라스틱에 대해 보다 자세히 설명하고 있습니다. 이렇게 자세히 설명된 ②와 같은 부분이 바로 부연·상술입니다. 부연과 상술은 대상과 관련된 내용을 이해하는 데에 도움을 줍니다. 아울러 ②에서 '음식을 싼 포장지나 비닐류, 물티슈, 티백'은 열거에 해당합니다. 열거는 여러 가지 예나 사실 따위를 죽 늘어놓아 설명하는 방법입니다.

인용은 남의 말이나 글 가운데 필요한 부분을 끌어다가 자신의 말이나 글 속에 넣어 설명하는 방식입니다. 앞서 이야기한 예시는 실제 사례, 일화 등을 간접적으로 가져오고 글쓴이의 의미 해석이 이어지지만, 인용은 다른 사람의 말이나 글을 직접 가져와 제시한다는 점에서 예시와 차이가 있습니다.

① 잠을 자지 않고 밤새우는 것은 건강에 해롭다.
② 잠을 자지 않고 밤새우는 것에 대해 미국 질병 통제 예방 센터
   (CDC)는 "알코올을 섭취하는 것과 비슷한 영향을 뇌에 미치며,
   반응 시간이 느려지고 말이 어눌해지며 사고 능력이 저하된
   다."라고 밝혔다.

적절한 수면을 취하지 않으면 건강에 해롭다는 내용의 글을 쓸 때, ①처럼 서술하는 것보다 ②와 같이 전문가의 견해를 끌어다 쓰면 글을 읽는 독자의 신뢰를 얻을 가능성이 큽니다.

효과적으로 설명문 읽기
지금까지 우리는 정보 전달을 목적으로 하는 글에 사용되는 다양한 설명 방법에 대해 알아보았습니다. 다음에 제시된 글을 읽으며 설명 방법이 대상을 효과적으로 설명하고 있는지 파악해 봅시다.

판다에 관하여

판다는 곰과에 속하는 포유류로 머리는 둥글고 넓으며 네 다리는 짧고 꼬리 역시 짧고 굵은 형상을 하고 있습니다. → 정의

판다는 곰과의 동물이다 보니 전형적인 육식 동물의 소화 기관을 가지고 있지만 의외로 초식 동물입니다. 초식 동물은 나뭇잎이나 나무의 가지를 섭취하는 '브라우저'와 풀이나 새싹을 섭취하는 '그레이저'로 나뉘는데요. 브라우저 동물로 기린, 산양, 판다 등이 있습니다. → 예시

일반적으로 초식 동물은 대체로 70% 이상의 소화율을 보이나, 판다는 육식 동물과 같은 장 구조를 가지고 있어 대나무 소화율이 17%밖에 되지 않습니다. → 대조 이러한 이유로 영양분을 흡수하기 위해 많은 양의 먹이 섭취가 필요하므로 성체 판다는 매일 12~38kg 정도의 대나무를 먹는다고 합니다. → 인과

식성은 초식이지만 판다의 이빨과 날카로운 발톱은 갈색곰 및 흑곰과 유사하며, 근력이나 운동 신경 역시 일반적인 곰과 마찬가지로 뛰어난 편입니다. → 비교

윗글에는 '판다'의 특성을 설명하기 위해 정의와 예시, 비교와 대조, 인과 등의 설명 방법이 사용되었습니다. 그렇다면 윗글에서 사용된 설명 방식이 '판다'의 특성을 효과적으로 설명하고 있는지 한번 살펴볼까요?

첫째 단락에서 사용된 정의를 보면 '판다는 곰과에 속하는 포유류로 머리는 둥글고 넓으며 네 다리는 짧고 꼬리 역시 짧고 굵은 형상을 하고 있다'로 서술하고 있습니다. 이 서술을 보면 '판다'가 어떤 동물인지 짐작될 것입니다. 정의는 이처럼 설명하려는 대상의 본질이나 의미를 명확하게 밝히는 데 효과적입니다.

두 번째 단락에서 사용된 예시는 설명이 어려워서 이해하기 쉽지 않을 때, 구체적인 사례를 들어 보임으로써 이해를 돕고 있습니다. 윗글에서는 초식 동물의 종류를 '브라우저'와 '그레이저'로 나누고 있습니다. 아무래도 전문적인 개념이다 보니 읽는 사람이 이해하기 어려울 것으로 판단하고 기린, 산양 등의 구체적인 예를 들어 준 것입니다. '브라우저'라고 했을 때는 고개를 갸우뚱했던 친구들도 기린과 산양을 보고 한결 쉽게 내용을 받아들이게 됩니다.

셋째 단락에서는 대조가 사용되었습니다. '초식 동물은 대체로 70% 이상의 소화율을 보이나, 판다는 육식 동물과 장 구조가 같아 대나무 소화율이 17%밖에 되지 않는다'는 서술을 보면 초식 동물임에도 다른 초식 동물과는 다른 판다의 특징을 알 수 있습니다. 이처럼 초식 동물이면서 육식 동물과 같은 소화 기능을 가진 판다의 소화 기능을 설명하면서 판다의 특징을 효과적으로 설명할 수 있습니다.

　셋째 단락에서는 인과도 보이네요. 앞에서 판다는 소화 기관 구조상 소화율이 떨어진다고 했는데, '이러한 이유로 영양분을 흡수하기 위해 많은 양의 먹이 섭취가 필요하므로 성체 판다는 매일 12~38kg 정도의 대나무를 먹는다'는 서술이 이어집니다. 소화율이 떨어지면, 체내 흡수가 잘되지 않기 때문에 많은 양의 먹이를 먹어야 한다는 것이죠. 인과를 통해 판다의 식습성을 효과적으로 설명하고 있습니다.

　마지막 단락에서는 비교의 설명 방법이 사용되었습니다. '판다의 이빨과 날카로운 발톱은 갈색곰 및 흑곰과 유사하며, 근력이나 운동 신경 역시 일반적인 곰과 마찬가지로 뛰어난 편'이라는 서술을 보면 육식 동물과 비슷한 외형과 신체 능력을 갖춘 판다의 특징을 알 수 있습니다.

이것만은 알아 두세요

종류	내용
정의	설명 대상이나 개념의 뜻을 밝혀 풀이하는 방법
예시	내용에 대한 구체적인 예를 보이는 방법
비교	관련 있는 둘 이상의 대상을 견주어 서로 간의 공통점을 밝히는 방법
대조	관련 있는 둘 이상의 대상을 견주어 서로 간의 차이점을 밝히는 방법
구분	전체를 일정한 기준에 따라 나누어 설명하는 방법
분류	대상을 일정한 기준에 따라 종류별로 묶어 설명하는 방법
분석	하나의 대상을 풀어서 그것을 구성하는 몇 개의 부분이나 구성 요소로 설명하는 방법
인과	어떤 결과를 가져오게 한 원인 또는 어떤 원인에 따른 결과를 중심으로 설명하는 방법
부연·상술	읽는 이가 이해하기 쉽도록 자세히 덧붙여 설명하는 방법
열거	여러 가지 예나 사실을 죽 늘어놓고 설명하는 방법
인용	타인의 말이나 글을 자신의 말이나 글 속에 끌어 써서 설명하는 방법

풀어 볼까? 문제!

1. 글을 읽고 적절한 내용 전개 방법을 찾아 바르게 연결해 보세요.

구분 ㉠ •　　• ① 삼각형은 일직선 위에 있지 않은 세 점을 맺는, 직선으로 이루어진 평면 도형을 가리킨다.

대조 ㉡ •　　• ② 공동 주택은 규모에 따라 아파트, 연립 주택, 다세대 주택 등으로 나눌 수 있다.

인용 ㉢ •　　• ③ 영국 국립 해양 센터(NOC)와 미국 매사추세츠 공과 대학(MIT) 등 여러 대학 연구진이 진행한 연구 결과에 따르면, 기후 변화로 바다 색이 녹색으로 서서히 변해 가고 있다고 한다.

정의 ㉣ •　　• ④ 독서를 할 때는 능동적인 집중력을 사용해 자발적이 의지를 가지고 활동에 임하지만, 숏폼 콘텐츠를 시청할 때는 주체성이 사라지고 수동적인 집중력만을 사용하게 된다.

2. 다음 글에 사용된 내용 전개 방법을 찾아 보세요.

구독 경제란 일정 기간 구독료를 지불하고 상품, 서비스 등을 받을 수 있는 경제 활동을 일컫는다. 구독의 범위가 예전에는 신문, 잡지 등에 불과했으나 최근에는 식음료, 생활용품, 소프트웨어에 이르기까지 확장되었다.

정답

1. ㉠ - ②, ㉡ - ④, ㉢ - ③, ㉣ - ①

2. 정의, 예시, 대조

논증 방식을 파악하고 타당성을 평가해요

원하는 목적을 이루기 위해 가족이나 친구를 설득해 본 적이 있나요? 그렇다면 설득을 위해서는 무조건 원하는 바만 이야기해서는 안 된다는 것을 경험적으로 알 것입니다. 의견을 효과적으로 전달하기 위해서 어떤 전략이 필요하듯이, 글을 읽을 때도 필자의 의도가 무엇인지를 파악하기 위해서는 어떤 설득 전략이 사용되었는지를 파악할 수 있어야 합니다. 앞서 공부한 것처럼 정보 전달을 목적으로 하는 글에서는 설명 방법을 알 때 효율적인 글 읽기를 할 수 있었습니다. 설득을 목적으로 하는 글 역시 사용된 논증 방법과 설득 전략을 파악하면 글쓴이가 글을 통해 말하고자 하는 바를 효과적으로 읽어 낼 수 있습니다.

이번 장에서는 논증 방법에 대해 배웁니다. '논증'이라는 말이 어렵게 느껴질 것입니다. 논증의 사전적 의미는 '옳고 그름을 이유를 들어 밝히는 것'입니다. 곧 근거를 들어 자신의 주장이 참이라는 것을 증명하는 방법으로, 주로 설득을 목적으로 하는 글에 사용됩니다. 상대를 효과적으로 설득하려면 권위 있는 전문가의 견해를 활용하거나, 기존에 증명된 일반적 원리, 다양한 사례 등을 근거로 삼아 자신이 주장하는 바를 뒷받침하는 논증의 과정이 필수적이라 할 수 있습니다. 지금부터 글에 사용된 다양한 논증 방법을 배워 볼까요?

대표적인 논증 방법 첫 번째 ─ 귀납, 그리고 유추와 일반화

① 호랑이는 대나무를 먹지 않는다. 늑대도 대나무를 먹지 않는다.

② 호랑이와 늑대는 육식 동물이다.

③ 그러므로, 육식 동물들은 대나무를 먹지 않는다.

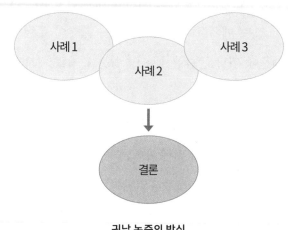

귀납 논증의 방식

귀납이란 개별적이고 구체적인 사실에서 일반적이고 보편적인 주장을 이끌어 내는 방법입니다. 위의 그림을 보면 '호랑이는 대나무를 먹지 않는다', '늑대도 대나무를 먹지 않는다'는 개별적인 사례를 나열하고, '호랑이와 늑대는 육식 동물'이라는 구체적인 사실이 이어 나오죠. 이를 통해 '육식 동물은 대나무를 먹지 않는다.'는 일반적 원리(결론)가 도출되는 것입니다. 귀납은 충분한 양의 사례들을 검토한 뒤 그 결론으로 일반적인 사실이나 진리를 이끌어 내는 방법으로, 전제에 포함되어 있지 않은 새로운 지식을 결론으로 삼아 지식을 넓혀 준다는 장점이 있습니다.

그러나 귀납 논증이 항상 옳은 것은 아닙니다. 모든 사례를 확인하는 건 사실상 불가능하기에 결론이 완전히 참이라고 보기 힘들다는 난점이 있습니다. 다만 사례가 풍부할수록 논증의 타당성은 높아지게 됩니다. 근거가 되는 사례가 너무 적거나 대표성이 없는 사례로 주장을 이끌어 낸 경우, 예외적 사례인 경우에는 결론이 틀릴 수도 있습니다. 그렇기 때문에 귀납 논증은 대표성 있는 근거를 제시해야 하는 것이 핵심입니다.

둘 이상의 대상이나 현상이 여러 면에서 비슷하다는 점을 근거로 다른 속성도 유사할 것이라고 추론하는 '유추', 개별적인 것이나 특수한 것을 일반적인 것으로 만드는 '일반화' 역시 귀납 논증 방식에 해당합니다. 유추는 대상의 유사성에 근거하여 결론을 이끌어 내는 논증으로, 두 대상의 유사성이 적절해야 논증의 타당성을 인정받을 수 있습니다. 조금 더 쉽게 풀이해 보면 두 개의 비슷한 사물이나 사실에서, 한쪽이 어떤 성질이나 관계를 맺을 경우, 다른 사물도 그와 같은 성질이나 관계가 있다고 추리하는 것입니다.

① 사과나무는 적절한 양분과 물, 병충해 방제 등 농부의 노력이 있어야 좋은 열매를 맺는다.
② 부모도 자녀를 키우기 위해서는 신체, 정서 등 여러 영역에서

섬세한 노력이 있어야 한다는 점이 사과나무와 비슷하다.

③ 사과나무도 정성과 노력이 뒷받침되어야 좋은 열매를 맺듯, 자
녀 역시 부모의 정성과 노력이 있어야 잘 자랄 수 있다.

사과나무가 좋은 열매를 맺기 위해서는 양분, 물, 병충해 관리 등 농부의 노력이 필요하다고 말하고 있습니다. 이어서 부모도 자녀를 잘 키우기 위해서는 신체적, 정서적 영역 등 여러 방면에서 섬세한 노력이 필요하다고 말하고 있습니다. 그리고 끝으로 사과나무도 농부의 정성과 노력이 있어야 좋은 과실을 맺을 수 있듯이 자녀 양육에도 부모의 정성과 노력이 필요하다는 결론이 도출됩니다. 이렇게 두 대상의 유사한 속성을 근거로 결론을 이끌어 내는 논증 방법을 유추라고 합니다.

유추는 복잡하거나 다소 추상적인 정보들 속에서 적절하게 정보를 선별하고 처리하게 한다는 점, 새로운 시각으로 문제를 바라볼 수 있다는 점, 사고방식이 논리력과 문제 해결력을 키워 준다는 장점이 있습니다. 그러나 기본적으로 귀납의 틀 안에 있기에 항상 정확한 결론을 도출하는 것은 아니라는 한계를 가지고 있습니다.

일반화는 경험적 사례들로부터 추상화를 통해 일반적인 결론을 도출하는 방법입니다. 곧 각각의 사례로 미루어 볼 때 같은 종류의 나머지 사례도 같으리라 확정하는 것으로, 개별적이고 특수한 것을 일반적인 것으로 만드는 것을 의미합니다.

① 한국에 사는 백조는 희다.

② 독일에 사는 백조는 희다.

③ 호주에 사는 백조는 희다.

⇨ 그러므로 모든 백조는 희다.

윗글은 일반화의 대표적인 사례입니다. 아시아, 유럽, 오세아니아 대륙의 나라를 하나씩 언급하여 어느 곳에 있든 백조는 모두 희다는 결론에 도달하고 있습니다. 유추와 마찬가지로 일반화 역시 모두 특수한 사례들을 검토한 뒤, 그 결론으로 사실이나 진리를 이끈다는 점에서 귀납적 논증 방법에 속합니다. 그러나 아무리 많은 사례를 제시해도 모든 현상을 반영할 수는 없습니다. 결국, 제시하는 사례들은 현상의 일부에 해당하는 것일 수밖에 없기에, 경험적 사례 그 자체로는 절대적으로 참이라 할 수 없는 경우가 많다는 한계가 있습니다.

① 모든 육식 동물은 대나무를 먹지 않는다.

② 치타는 육식 동물이다.

③ 그러므로, 치타는 대나무를 먹지 않는다.

대표적인 논증 방법 두 번째 − 연역

연역은 널리 알려진 일반적인 사실이나 원리를 바탕으로 아직 알려

지지 않은 개별적인 사실이나 좀 더 특수한 다른 원리를 결론으로 이끌어 내는 논증 방법입니다. 결론의 내용이 전제에 포함되어 있기에 근거로 제시한 일반적인 원리인 전제가 참이면 결론은 언제나 참이고, 전제가 거짓이면 결론도 거짓이 됩니다. 여기에서 전제前提(premise)란 새로운 결론을 이끌어 낼 근거가 되는 이미 주어진 판단을 의미합니다. 앞의 예에서 '치타가 대나무를 먹지 않는다'는 결론은 '모든 육식 동물은 대나무를 먹지 않는다'는 대전제에 이미 포함되어 있

연역 논증의 방법

습니다. 문장의 진술 속에 결론의 판단이 이미 들어 있는 것을 전제라고 하는 것입니다.

　연역 논증은 전제만 제대로 선택하면 정당성을 확보할 수 있는 논증 방법입니다. 모든 육식 동물은 대나무를 먹지 않는다는 일반적인 사실(대전제)로부터 치타는 육식 동물이라는 사례(소전제)를 연결하고, 따라서 치타는 대나무를 먹지 않는다는 결론에 이르게 되는 것이지요. '삼단 논법'이라고도 불리는 연역은 새로운 원리나 사실을 밝혀내기보다 개별적이고 구체적인 사실을 증명하는 데 주로 쓰입니다.

　연역 논증은 전제 선택이 중요하다고 했습니다. 연역이 일반적으로 받아들여지는 원칙을 바탕으로 특정 사례에 대한 구체적 주장을 하는 것이니만큼, 일반화된 원칙이 입증된 사실이 아닐 때, 일반화된 원

칙을 사례에 적용할 수 없을 때, 예외를 고려하지 않고 무조건 원칙을 고수할 때 논리적 오류가 생길 수 있다는 한계도 존재합니다.

또한 일반적으로 쓰이는 논증 방법 중 문제-해결의 논증도 있습니다. 논의의 초점이 되는 문제 상황을 먼저 언급하고, 해결 방법을 차례로 제시하는 구성 방법입니다. 문제 부분에서는 문제가 되는 상황은 무엇인지, 어떠한 면이 왜 문제가 되는지 등에 대해 구체적으로 제시하고, 해결 부분에서는 문제를 해결하기 위한 구체적인 방법을 모색하지요. 더불어 해결 방법이 현실적으로 가능한지, 이러한 방법을 사용함으로써 얻게 되는 기대 효과가 무엇인지도 다룹니다.

예시문 ①

펫숍(Pet Shop)은 비위생적인 환경에서 동물 복지에 대한 인식 없이 동물을 상품 가치만으로 판단하고 번식시켜 판매한다. 미국 수의학협회에 게재된 최근 연구에 따르면 펫숍 출신 개는 다른 개에 비해 심리적으로 건강하지 않은 것으로 나타났으며, 공격성을 보일 확률이 거의 두 배나 높다고 한다. 불결한 번식장에서 무고한 희생을 겪고 있는 모견들과 새끼들 그리고 그러한 펫숍에서 팔리지 못해 다시 번식장으로 가는 동물들을 생각한다면 비윤리적인 번식장에서 동물들을 구매해서는 안 된다.

반려동물을 가족으로 맞고자 할 때는 비윤리적인 펫숍을 이용해서는 안 되며, 예쁘고 귀엽다는 이유로 충동적으로 구매하는 것이 아닌, 유기 동물을 입양하는 방식을 선택해야 한다. 2022년 한 해에만 11만 2,000마리에 달하는 유기 동물이 발생했다고 한다. 동물을 '구매한다'는 인식을 '입양한다'는 인식으로 전환해야 할 때인 것이다. 유기 동물을 입양할 경우, 생명 존중 사상이 경시된 동물 안락사의 비율을 유의미하게 줄일 수 있으며, 지자체로부터 예방 접종비, 치료비 등의 재정적인 지원을 받을 수도 있다.

　윗글은 아주 익숙한 형태의 설득하는 글입니다. 펫숍이 문제가 되는 이유를 여러 측면에서 제시하고, 해결 방법으로 유기 동물을 입양하는 것을 제안하며, 이에 대한 기대 효과까지 언급하고 있습니다. 이처럼 문제-해결 논증은 글쓴이의 주장을 확실히 드러낼 수 있다는 점에서 논설문에서 가장 자주 쓰이는 방법이기도 합니다.

　우리가 주장하는 글을 읽을 때 주장과 근거의 관계를 따져 보거나, 주장을 뒷받침하는 근거가 타당한지를 판단하면서 읽어야 하는 이유는 무엇일까요? 그 이유는 판단의 오류에 빠지지 않고 올바른 판단을 하기 위해서입니다. 다음 글을 읽어 보면서 생각해 볼까요?

　한언 고등학교에 재학 중인 신중현 학생은 학생 회장으로 누가 선출될지 무척 궁금했다. 옆자리 친구들이 하는 말을 들으니 1번 김영희 후보가 부지런하고 성실하다고 했다. 복도를 지나갈 때 다른 반 친구들이 말하길, 김영희 후보가 중학교 때에도 학생 회장을 했는데, 아주 잘했다고 한다. 신중현 학생은 학생 회장으로 김영희 후보가 당선될 것으로 확신했다.

신중현 학생은 두 그룹의 의견만을 듣고 1번 김영희 후보가 당선될 것을 확신하고 있네요. 이처럼 일부의 사례나 경험만을 가지고 결론을 섣불리 단정 짓는 것은 무척 성급한 일이라고 할 수 있습니다. 대표성이 없는 사례일 경우에 전체 의견을 대변한다고 볼 수 없기 때문이죠. 이처럼 판단의 오류에 빠지지 않고 올바른 판단을 하기 위해서는 말을 듣거나 글을 읽을 때 반드시 근거의 적절성을 판단해야 합니다.

타당성을 평가하며 읽기

여러분은 '정보의 홍수'라는 말을 들어 봤나요? 우리는 누구나 많은 정보 속을 살아가야 합니다. 시시각각 수많은 글이 쏟아지고, 우리가 접하는 글 중에는 정확하지 않거나 부적절한 정보로 독자를 현혹하는 글들도 많습니다. 그러므로 글쓴이의 주장이 합리적인지, 자료는 정확한지, 치우친 입장에서 내용을 전개하는 것은 아닌지 날카로운 시각으로 점검할 수 있어야 합니다. 이것을 '비판적 읽기'라고 합니다.

비판의 사전적 의미는 "현상이나 사물의 옳고 그름을 판단하여 밝히거나 잘못된 점을 지적"하는 것입니다. 옳고 그름을 판단하는 것이기 때문에 결점을 책잡아서 나쁘게 말하는 비난과는 다릅니다. 비판적 읽기 능력을 갖추면 주체적인 수용을 가능하게 하여 사고력 신장에 매우 큰 도움이 됩니다. 다음에 제시하는 절차에 따라 예시문 ②를 읽는다면 논증적인 글의 타당성을 효과적으로 평가할 수 있을 것입니다.

글의 구조와 논증 방법 파악하기

⇩

글에 나타난 주장과 이를 뒷받침하는 근거의 타당성 판단하기

⇩

글에 제시된 정보의 적절성과 신뢰성, 공정성 점검하기

⇩

글에서 공감할 부분, 반박할 부분을 찾고 글쓴이의 생각 비판하기

예시문 ②

⑦ 최근 학교 폭력을 다루는 드라마의 흥행과 연예인들의 학교 폭력 사실이 드러나면서 학교 폭력에 대한 관심과 그 심각성이 수면 위로 떠오르기 시작했다. 학교 폭력은 무엇일까? 대한민국에서 법으로

규정된 학교 폭력의 정의는 "학교 내외에서 학생을 대상으로 발생한 상해, 폭행, 감금, 협박, 약취·유인, 명예훼손·모욕, 공갈, 강요·강제적인 심부름 및 성폭력, 따돌림, 사이버 따돌림, 정보 통신망을 이용한 음란·폭력 정보 등에 의하여 신체·정신 또는 재산상의 피해를 수반하는 행위"이다. 이렇게 규정된 학교 폭력은 단순한 신체·정신적 폭력이 아니라 사회적 관계를 망가트리며, 특히 사회적 관계를 맺는 법을 배우고 인격이 형성되는 시기에 학교에서 일어나기에 피해자의 일생에 평생 상처로 남아 그 문제가 단순 상해보다 심각하다. 그렇다면 현재 학교 폭력 처벌 수위 및 근절을 위한 노력이 무엇인지 알아보자.

㉯ 2023년 4월, 정부는 학교 폭력 근절 종합 대책을 대대적으로 손질했다. 현재 고교 1학년 학생이 입시를 치르는 2026학년도 대입부터 학교 폭력 가해 학생의 처분 결과를 수시 모집은 물론 수능 점수로 선발하는 정시 모집 전형에 의무적으로 반영하겠다고 밝혔으며, 아울러 중대한 징계 내용의 학교 생활 기록부 기재 보존 기간을 졸업 후 2년에서 4년으로 연장한다는 게 주된 내용이다. 이외에도 정부는 가해 학생과 피해 학생의 즉시 분리 기간을 3일에서 7일로 연장하고, 가해 학생의 불복 절차에서 피해 학생의 진술권을 보장하는 등 피해자 보호 내용도 한층 보완하였다. 곧, 학교 폭력 가해자 처벌 강화와 동시에 피해자 보호를 강화하는 데 초점이 맞춰진 것이다. 이는 정부 차원에서 학교 폭력에 대한 심각성을 인정하고 강력한 처벌 마련으로 예방 효과를 유도한 것으로 풀이된다.

㉰ 그렇다면 학교 폭력 근절을 위해서 어떠한 노력이 필요할까?

비가 새는 지붕을 수리하지 않고 두면 점점 범위가 넓어지고 자재의 손상이 커 복구에 더 많은 자원이 소요된다. 학교 폭력 역시 방치했을 때 상황이 악화된다는 점에서 지붕에 비가 새는 상황과 유사하다. 비가 새는 지붕과 같이 학교 폭력도 즉각적으로 손을 쓰지 않으면 심각성이 커지고 돌이키기가 어려워지는 것이다. 먼저 학교 측에서는 학생들에게 학교 내에서 정기적으로 예방 교육 프로그램을 실시하고, 학교 폭력에 대한 경각심을 심어 줄 수 있는 교육 자료를 제공해야 한다. 또한, 학교 내부의 체계를 강화하여 학폭이 발생했을 경우 신속하게 대처할 수 있도록 하고, 학생들이 손쉽게 신고할 수 있는 채널을 마련해야 한다. 동시에 자녀들이 학교에서 안전하게 교육받을 수 있도록 학부모의 참여 증대도 필요하다. 마지막으로 학생들에게 전폭적인 전문적 지원이 필요하다. 교육, 상담, 예방 등 다양한 분야에서 전문가의 지원을 받을 수 있도록 해야 한다.

㉺ 지금까지 정부의 학교 폭력에 대한 종합 대책 및 학교 폭력 근절을 위해 필요한 노력을 다각적으로 알아보았다. 학생들에게 학교 폭력은 학창 시절을 평생 잊히지 않을 상처투성이로 만든다. 이에 학교 폭력에 대한 엄벌주의는 큰 틀에서 볼 때 바람직한 방향이라고 생각된다. 그러나 학교 폭력은 단순히 학교라는 테두리 안에서 끝나는 문제가 아니기에 피해자는 사회에 나가서도 몸과 마음에 상처를 안고 살아가고, 가해자는 폭력적이고 반사회적인 성향을 여전히 지닌 채 살아간다. 그러므로 우리 사회는 이러한 피해 학생들의 상처를 덜어 주기 위한 지원을 아끼지 않아야 하는 것이다. 동시에 가해 학생

역시 보호해야 할 대상임을 주지해야 한다. 진정한 반성과 사과를 통해 변화할 기회를 주고 재발을 막는 것 역시 사회의 역할이며 이를 위해 노력을 아끼지 않아야 할 것이다.

(1) 글의 구조와 논증 방법을 파악해요

정보 전달을 목적으로 하는 글 읽기에서 내용을 설명하는 방법을 파악하면 기억하기 쉽고, 정보 수렴에도 훨씬 도움이 되었던 것을 기억할 것입니다. 설득을 목적으로 하는 글에서도 구조와 논증 방법을 파악하며 읽으면 내용의 중요도를 가늠하기 쉽고, 글을 체계적으로 이해할 수 있는 장점이 있습니다.

예시문 ②의 ㉮는 서론으로 최근 수면 위로 떠오른 '학교 폭력'이라는 주제에 대하여 먼저 개념부터 정의하고, 이어서 학교 폭력의 심각성을 논하고 논의의 방향과 내용을 밝히고 있습니다. 그렇다면 자연스럽게 ㉯와 ㉰를 본론 부분으로 예측할 수 있습니다. ㉯에서는 최근 가해자에 대한 처벌을 대폭 강화한 정부의 종합 대책을 안내하고, ㉰에서는 학교 폭력 근절을 위한 노력을 논의합니다. 마지막으로 ㉱는 논의한 바를 간결하게 정리하고 학교 폭력에 대한 사회의 역할에 관한 생각을 이야기한다는 점에서 결론에 해당합니다. 곧 서론에서 논의 대상과 범위를 파악하고, 본론에서 각 항목에 대한 충분한 논의와 짜임새 있는 뒷받침이 이루어지고 있는지 점검한 후, 결론에서 글쓴이가 말하고자 한 생각을 정리하면 한 편의 글을 한눈에 파악함은 물론, 글에 대한 이해도도 올라가게 되는 것입니다.

이번에는 윗글에 활용된 논증 방법을 확인해 보겠습니다. 이미 파악하고 고개를 끄덕인 친구들도 있을 것입니다. 바로 ㉐에서 유추의 방식을 사용했죠. 비가 새는 지붕을 방치하면 피해의 정도와 범위가 커지는 예시를 제시한 후, 학교 폭력 역시 이와 공통점이 있다는 사실을 근거와 함께 제시하고 있습니다. 그리고 결론적으로 두 경우 모두 즉각적인 대응이 필요함을 역설하고 있습니다.

(2) 글에 나타난 주장과 이를 뒷받침하는 근거의 타당성을 판단해요

정보를 전달하는 글이든, 설득하는 글이든 모든 제재가 항상 옳고 바른 내용을 가지고 있는 것은 아닙니다. 비판적 읽기는 오류가 없는 완벽한 글은 없다는 전제에서 출발합니다. 그래서 글을 읽을 때는 주어진 정보가 객관적이고 사실에 근거한 것인지, 글쓴이가 독자를 설득하려는 목적으로 내세우는 의견인 주장이 온당한지, 또 주장에 대한 근거가 관련성이 있고 받아들일 만한지를 항상 판단해야 합니다. 특히나 설득하는 글의 경우 기본적으로 가치 중립적인 입장에서 벗어나니 더더욱 글에서 활용하고 있는 자료가 사실에 부합하는지, 출처가 정확한지 등을 확인할 필요가 있습니다.

예시문 ②의 ㉮에서는 '학교 폭력 예방법'이라고 불리는 '학교 폭력 예방 및 대책에 대한 법률' 제2조를 인용하고 있고, 법으로 정의된 내용이 논의 전개에 근거 자료가 되고 있습니다. "신체·정신 또는 재산상의 피해를 수반하는 행위"라는 객관적인 정의를 제시해서 독자들은 학교 폭력의 심각성을 인지하고 글을 읽게 되는 것입니다.

예시문 ②의 주장은 "학교 폭력 근절을 위한 다각적인 노력이 필요하다." 정도로 정리할 수 있습니다. 제시문에는 학교 폭력 사안의 심각성, 정부의 정책 기조, 분야별 지원 방향이 일관적이고 일목요연하게 드러나 있습니다. 주장과 근거의 타당성을 판단하는 것은 글에서 제시하고 있는 내용이 합리적이고 일관성을 갖추고 있는지 평가하는 과정을 의미합니다. 주장에 대한 근거가 적절하고 충분한지, 근거를 바탕으로 주장을 도출하는 과정이 타당한지 점검하는 것이 주장하는 글의 타당성을 판단하는 핵심적인 행위입니다.

(3) 글에 제시된 정보의 적절성과 신뢰성, 공정성을 점검해요

정보의 적절성이란 글쓴이가 글에서 사용한 자료가 글의 내용에 적합하며 필요한 형태로, 필요한 위치에 적절한 수준으로 들어가 있는지 판단하는 과정을 말합니다. 신뢰성이란 문자 그대로 정보가 믿을 만한지와 관련된 성질입니다. 글을 읽을 때 신뢰성을 판단한다는 의미는 글에 사용된 자료가 일반적인 원리나 객관적 자료에 비추어 사실과 일치하는지, 출처가 명확한지, 내용의 왜곡이나 확대, 축소 등은 없는지 따져 보는 것이라 할 수 있습니다.

앞서 제시문의 ㉮에서 '학교 폭력 예방법' 인용의 타당성을 검토했

었습니다. 이번에는 신뢰성의 측면에서 판단해 볼까요? 대한민국 법원에서 제정한 자료를 가지고 왔으니, 이는 분명 신뢰할 수 있는 자료라 할 수 있습니다. 더불어 2023년 4월, 정부가 발표한 학교 폭력 근절 종합 대책은 검증이 필요합니다. 이는 단순 인용이 아니라 글쓴이의 시각으로 재해석된 것이므로 실제 발표 내용을 찾아 검토할 필요가 있습니다.

마지막으로 신뢰성과 연결되는 것이 내용의 공정성입니다. 공정성이란 글쓴이가 내용, 화제, 주제 등에 균형 있게 접근하고 있는지, 글쓴이의 입장이 어느 한쪽에 치우치지 않고 공정하게 주제를 다루고 있는지를 확인하는 것입니다. 문제에 접근하는 시각이 편파적이라면 글에서 주장하는 생각이 여러 사람에게 두루 보편적이고 타당할 수 없을 것입니다. 주어진 정보를 무조건 신뢰하지 않고 판단하는 일은 글의 타당성을 평가하는 핵심적 활동이라고 할 수 있습니다.

(4) 글에서 공감할 부분, 반박할 부분을 찾고 글쓴이의 생각을 비판해요

비판적 글 읽기란 글의 내용, 글쓴이의 관점, 글의 배경이 되는 사회·문화적 이념 등을 독자가 판단하며 읽는 활동입니다. 주장과 근거의 타당성, 자료의 적절성과 신뢰성, 공정성 등을 종합적으로 따져 읽었다면 자연스럽게 공감할 부분과 반박할 부분도 보일 것입니다. 또한 비판적 읽기의 영역에는 글의 내용뿐 아니라 형식도 포함됩니다. 글의 전개가 적절한지, 단어와 문장이 적절한지, 표현이 부족하거나 과장됨

없이 효과적인지도 살펴보아야 합니다.

앞선 예시문 ②의 ㉓에서는 학교 폭력 근절을 위한 노력을 설명하고 있는데, 학교 차원, 학부모 차원, 전문가 차원 등 총 세 가지 차원에서 노력해야 할 바를 제시합니다. 이를 읽고 공감할 수도 있지만 학생 차원의 노력이 없다는 측면을 들어 내용을 반박할 수도 있습니다. 이처럼 비판적 읽기는 글 내용을 비판 없이 수용하는 것이 아니라 주체적으로 판단하고 평가하게 하는 힘을 길러 준다는 점에서 무척 의미 있는 과정이라고 할 수 있습니다.

이것만은 알아 두세요

종류	내용
귀납	개별적이고 구체적인 사실에서 일반적이고 보편적인 주장을 이끌어내는 논증
유추	두 대상의 유사성을 근거로 그것들 사이에 또 다른 점도 유사할 것으로 추론하는 논증
일반화	경험적 사례들로부터 추상화를 통해 일반적인 결론을 도출하는 논증
연역	널리 알려진 일반적인 사실이나 원리를 바탕으로 아직 알려지지 않은 개별적인 사실이나 좀 더 특수한 다른 원리를 결론으로 이끌어내는 논증
문제-해결	문제 상황을 먼저 언급하고, 해결 방법을 차례로 제시하는 논증

풀어 볼까? 문제!

1. 다음 글에 사용된 논증 방법은 무엇일까요?

> ① 모든 곤충은 다리가 여섯 개이다.
>
> ② 잠자리는 다리가 여섯 개이다.
>
> ③ 그러므로 잠자리는 곤충이다.

2. 귀납 논증에 근거해 추론하여 다음 내용을 완성해 보세요.

> ① 잠자리는 몸이 머리-가슴-배로 나뉜다. 나비도 몸이 머리-가슴-배로 나뉜다.
>
> ② 잠자리와 나비는 곤충이다.
>
> ③ 그러므로 _____

정답

1. 연역

2. 모든 곤충은 몸이 머리-가슴-배로 나뉜다.

주제 통합적으로 글을 읽어요

여러분이 좋아하는 음료가 반쯤 담긴 컵이 앞에 있다고 생각해 봅시다. 여러분은 그 컵을 보고 어떤 생각을 할까요?

이제 반밖에
남지 않았네!

아직 반이나
남았네!

어떤 친구는 좋아하는 음료가 줄어들자 아쉬움이 가득한 목소리로 "이제 반밖에 남지 않았네!"라고 말할 것이고, 또 어떤 친구는 절반이 남은 것에 대한 안도감의 표현으로 "아직 반이나 남았네!"라고 표현할 수도 있을 것입니다. 이처럼 동일한 상황이나 현상이 보는 시각에 따라 달리 느껴지거나 표현될 수 있습니다.

같은 화제를 다룬 글에서도 글쓴이의 서로 다른 생각이나 느낌이 표현될 수 있습니다. 특히 쟁점이 분명한 글에서는 똑같은 주제에 대해 글쓴이의 입장이 서로 다르면서도 분명하게 표현되어 나타날 수 있습니다. 이러한 글을 읽을 때는 화제에 관한 글쓴이의 입장은 무엇이고 이를 뒷받침하는 근거는 무엇인지를 파악하면서 읽어야 글쓴이의 생각을 분명하게 알 수 있습니다. 또 글쓴이가 자기의 생각을 전달하기 위해 사용한 글의 형식을 살펴보는 것도 글쓴이가 얼마나 효과적으로 자기의 생각을 표현했는지를 가늠해 볼 수 있는 방법입니다.

입장이 다른 글 읽기

우리는 텔레비전 뉴스나 신문 등에서 동일한 화제에 대해 서로 다른 생각을 가지고 갈등하는 경우를 볼 수 있습니다. 이때 어느 한쪽의 시각이 담긴 자료만 본다면 다루어지고 있는 상황이나 사건에 관해 잘못 판단하거나 잘못된 시각을 강화할 수 있습니다. 마치 우물 안의 개구리가 우물을 통해 보는 바깥 모습을 세상 전체로 느끼듯이, 우리가 접하고 싶은 것만 보고 듣는다면 우리의 시각이 왜곡될 가능성이 큽니다.

우물 안 개구리처럼 특정 시각이나 편견에 빠지지 않기 위해서는

어떤 쟁점이 있는 사안에 대해 서로 다른 의견을 견주어 비교해 보아야 합니다. 쉽게 말해서 어느 한쪽 의견만 듣지 않고 양쪽 의견을 함께 들었을 때 상황이나 사건을 객관적으로 바라볼 수 있기 때문입니다.

예시문 ①

환경 보호를 위해 육류 광고 금지 법안 추진하는 나라가 있다?

지구를 지키고 환경을 보호하기 위해서 개개인의 노력도 중요하지만, 무엇보다 중요한 것은 사회의 책임일 것이다. 환경을 보호할 수 있는 기반을 만들어 주고, 흐름을 주도하면 그 영향력은 엄청날 것이다.

이에 최근 네덜란드에서 환경 보호를 위한 강력한 법안이 추진되고 있다고 전해져 눈길을 끈다. 네덜란드의 하를럼에서 2024년부터 육류 광고 금지 법안을 추진하고 있는 것. 고기류 소비와 온실가스 배출을 줄이기 위한 노력으로 '광고 금지'를 택한 것이다. 실제로 광고는 소비자가 물건을 구매하는 데 결정적인 영향을 주기도 한다. 하지만 광고가 전면 금지된다면 자연스럽게 구매율도 낮아질 것이라는 시각이 있다.

도시의 버스나 대피소, 공공장소 스크린에서는 육류 광고가 금지되고, 만일 이곳에 육류 광고가 나오게 된다면 불법으로 간주될 예정인 것으로 알려져 놀라움을 자아낸다. 세계 최초로 육류 광고를 금지하는 나라다.

육류 생산은 과거부터 꾸준하게 환경 오염의 원인으로 꼽혔다. 이에 네덜란드 측에서도 환경 보호를 위해서라도 시민들에게 기후 위기를 초래하는 제품을 구매하게 권장할 수 없다는 입장인 것으로 추측된다.

- 《데일리환경》, 김정희 기자, 2022년 10월 31일

기사의 내용에도 있듯이 육류는 이산화 탄소 배출의 주범으로 여겨져 왔습니다. 2006년 말, 유엔 식량 농업 기구(FAO)가 발표한 〈가축의 긴 그림자(Livestock's Long Shadow)〉라는 보고서에 따르면, "축산업이 모든 운송업보다 지구 온난화에 더 많은 영향을 끼치며, 축산업이 배출하는 온실가스 배출량(CO_2eq, 다양한 온실가스 배출량을 대표 온실가스인 이산화 탄소로 환산한 양)이 전체 이산화 탄소 배출량의 18%를 차지한다"고 합니다. 이 보고서는 축산업이 이산화 탄소 증가로 인한 지구 온난화 위기의 주범 중 하나이며, 축산업 분야의 이산화 탄소 배출량이 수송 부문의 전체 배출량을 웃돈다는 결과를 보여 주고 있습니다.

이 매체 자료의 생산자는 이러한 데이터를 근거로 육류가 환경을 파괴하고 있으며 환경 보호를 위해서는 육류 광고를 금지하여 육류의 소비를 줄여야 한다는 견해를 소개하면서, 육류가 지구의 환경을 파괴하는 주범 중의 하나라고 말하고 있습니다.

특히 유엔 식량 농업 기구와 같은 공식적이고 전문적인 기관에서 발표한, 축산업이 수송(운송) 분야보다 이산화 탄소를 더 많이 배출한

다는 내용은 위 기사의 의도를 뒷받침하기 충분합니다. 하지만 "소의 온실가스 배출량은 소가 먹는 사료 작물 생산에서 시작하여 사육-도축-유통-판매 등 '생애 주기' 전체를 합산해서 산출한 반면, 교통 부문의 배출량은 기계가 운행 중인 그 순간의 단기 배출량만을 산정했다. 만약 자동차가 만들어지고 폐기되는 전 과정을 담아내면 이 수치는 어떻게 나올까"라고 말한 최윤재 서울대 축산과 명예 교수님의 반문을 고려하면 위 기사가 전적으로 타당하다고 말할 수는 없겠지요. 또한 유엔 식량 농업 기구의 주장이 2007년 자료인 것을 감안하면 앞서 제시된 예시문 ①의 주장을 전적으로 신뢰하기는 어렵다는 것을 알 수 있을 것입니다.

이처럼 우리가 어떤 자료가 타당하고 신뢰할 만한 것인지를 판단하기 위해서는 동일한 화제에 대해 입장이 다른 글을 함께 검토할 필요가 있습니다. 다음은 환경 오염의 주범이라고 여겨지는 육류를 대신하는 대체육과 관련된 기사입니다.

예시문 ②

영국, 대체육 광고 못한다
"환경 부하 부채질 가능성" 광고 표준위, 송출 중단 명령

영국 광고 표준 위원회(ASA)는 최근 영국 최대 슈퍼마켓 체인 테스코의 식물성 대체육 광고 송출 중단 명령을 내렸다. 축산업계 관계

자는 "국내에서도 대체육 시장이 확대되면서 축산업계의 촉각이 곤두선 가운데 의미 있는 결정"이라면서 "우리나라에서도 앞으로 일어날 수 있는 일이기 때문에 해외 사례와 추이를 지켜보면서 대응 방안을 모색해 볼 필요가 있다"고 말했다.

'플랜트 셰프' 시리즈로 불리는 이 광고는 친환경이라는 제목과 함께 여성이 식물성 대체육을 사용한 햄버거를 먹는다는 내용을 담고 있다. 이 광고의 웹사이트 버전 광고 내용에서는 햄버거 섭취 5회 중 1회 분량을 식물성 대체육으로 바꾸면 270억 마일(434억km)가량의 거리를 주행할 수 있는 이산화 탄소를 절약할 수 있다고 설명하고 있다.

그러나 영국 광고 표준 위원회는 일반론으로 사람들이 더 많은 식물 유래 식사로 전환하는 것은 소비자가 환경에 미치는 영향을 줄일 방법이나 식물 유래 제품 중에는 원자재의 조합이나 복잡한 제조 공정이 따르며 이러한 제품은 식육 제품과 동등하거나 그 이상의 환경 부하를 가질 가능성이 있다고 지적했다.

-《축산경제신문》, 이혜진 기자, 2022년 7월 8일

대체육은 축산을 통해 생산된 고기를 대신하는 식물성 재료로 만들어진 고기를 말합니다. 대체육은 생산할 때 이산화 탄소를 많이 배출하는 육류 생산을 줄여 준다는 점에서 친환경적인 제품이라고 생각되어 왔습니다. 하지만 영국 광고 표준 위원회는 대체육이 원자재의

조합이나 복잡한 제조 공정이 따르며 이러한 제품은 식육 제품과 동등하거나 그 이상의 환경 부하를 초래할 수 있다고 판단하여 광고를 금지했다고 합니다. 다시 말해서 대체육이 만들어지는 과정에서 육류 생산 이상으로 이산화 탄소를 배출하여 환경을 오염시킬 수 있다고 판단하여 광고를 금지한 것이지요.

예시문 ①과 ② 두 기사가 직접 축산업에 대해 다루고 있는 것은 아닙니다. 그러나 두 기사 모두 광고 금지라는 사안을 통해 매체 생산자의 의도를 전달하는 공통점이 있습니다. 다만 ①은 육류의 유통에 대해, ②는 대체육의 유통에 대해 부정적으로 바라보고 있다는 차이가 있습니다.

	지지하는 입장	환경 오염의 측면
①	육류 광고 금지 지지	육류가 환경을 오염되게 하므로 광고를 금지하는 것이 타당하다.
②	대체육 광고 금지 지지	대체육이 환경을 보호하기는커녕 생산 과정에서 육류보다 환경을 오염시키므로 광고를 금지하는 것이 타당하다.

그렇다면 진실은 무엇일까요? 아마 육류의 생산 과정에서 이산화 탄소를 배출한다는 것도 사실일 것이고, 대체육의 생산 과정에서도 이산화 탄소를 배출하여 환경을 오염되게 할 수 있다는 점도 사실일

것입니다. 육류의 생산과 대체육의 생산 과정에서 발생하는 오염 물질의 양은 상대적으로 많거나 적을 가능성이 있습니다. 그러므로 매체 생산자의 의도를 정확하게 파악하기 위해서는 동일한 화제를 다룬 다른 자료를 확인할 필요가 있습니다. 특히 입장이나 관점이 다른 자료를 함께 검토한다면 매체 생산자의 의도를 정확하게 판단할 수 있습니다. 이것이 동일한 화제를 다룬 자료를 비교하며 읽는, 주제 통합적 읽기를 하는 이유기도 합니다. 이처럼 우리는 동일한 화제에 대해 서로 다른 입장의 글을 비교해 봄으로써 글에서 다루고 있는 상황이나 주제에 대해 객관적으로 판단할 수 있을 것입니다. 앞서 다룬 자료와 관련해서 말한다면, 육류 생산 시 발생하는 이산화 탄소가 환경을 오염시키므로 이를 개선하기 위해 대체육을 도입하였는데, 대체육을 생산할 때도 환경을 오염시키는 물질이 생산된다는 사실을 파악할 수 있습니다. 나아가 우리가 먹고 마시는 무엇인가가 생산될 때 환경 오염 물질이 배출되고 있다는 현실을 자각할 필요가 있으며, 우리의 일상적 행동이 환경 오염과 관련이 있다는 것을 인식해야만 합니다. 이를 시각화하면 다음과 같습니다.

관점이나 형식이 다른 다양한 글이나 자료를 비교·분석하기

⇩

대상 화제에 대한 자신의 관점 수립하기

⇩

서로 다른 관점과 형식의 글을 자신의 관점을 토대로 통합하기

⇩

자신의 관점에 따라 의미를 구성하고 표현하기

　이처럼 하나의 주제에 대해 반대의 의견을 가진 자료를 함께 검토함으로써 생각이 어느 한쪽으로 쏠리는 편견을 방지할 수 있습니다. 이때 나의 관점과 다른 글을 읽으면서 내가 미처 생각하지 못했던, 내가 가지고 있는 약점을 보완할 수 있습니다. 또 이를 통해 생각을 견고히 하고 확장할 수 있습니다. 내 생각과 다른 자료가 제시하는 반박 논리에 대처할 수 있는 나의 논리를 준비함으로써 생각을 확장하고 단단히 다질 수 있는 것입니다.

글의 목적은 같지만, 형식 차이가 나는 글 읽기

　글을 주제 통합적으로 읽는 또 하나의 방법은 글의 목적은 같지만 형식의 차이가 나는 글을 함께 읽는 것입니다. 이렇게 함으로써 다루고 있는 화제를 둘러싸고 있는 상황과 근거를 구체적으로 파악할 수 있으며, 나아가 매체 자료 생산자의 의도를 정확하게 파악할 수 있게 됩니다.

세계 곳곳서 보고되는 꿀벌 집단 실종 사건... 식량 위기 생태계 붕괴 신호탄 되나

꿀벌의 멸종을 가정한 이유는 그 징후가 이미 전 세계 곳곳에서 나타났기 때문이다. 미국에서는 2006년 꿀벌 집단이 갑자기 실종되는 '군집 붕괴 현상'이라는 현상이 처음 보고됐다. 미국 환경 보호국(EPA)은 응애류와 같은 해충, 농약, 새로운 병원균 등이 복합적으로 작용한 결과로 분석했다. 미국과 유럽 등 세계 여러 지역에서는 2010년대 들어 꿀벌의 30~40%가 사라진 것으로 분석됐다.

유사한 현상이 최근 한국에서도 나타나고 있다. 올해 전국 양봉 농가 곳곳에서 월동 후 다시 움직여야 할 꿀벌이 집단 실종되는 현상이 확인된 것이다. 한국 양봉 협회에 따르면 올해 3월 2일 기준 전국 227만 6,593개 벌통 중 39만 517개가 피해를 본 것으로 집계됐다. 농촌 진흥청에 따르면 월동에 들어갈 무렵 벌통 안에 사는 꿀벌 개체수는 약 1만 5,000마리다. 전국에서만 약 60억 마리의 꿀벌이 사라진 것이다.

- 《동아사이언스》, 조승한 기자, 2022년 3월 18일

예시문 ①은 꿀벌 집단이 갑자기 실종되는 '군집 붕괴 현상' 곧 꿀벌의 집단 폐사 문제를 다룬 기사문입니다. 미국에서 발생한 집단 폐

사 사건을 언급한 후 우리나라에서 발생한 '군집 붕괴 현상'을 구체적 데이터를 제시하면서 다루고 있습니다.

이 정도만 읽으면 '우리나라에서도 꿀벌의 집단 폐사가 일어났네' 정도만 느낄 것입니다. 그런데 예시문 ②와 같은 전문적인 연구 기관에서 발표한 연구 결과를 보면, 앞선 기사에서 제시한 내용의 심각성이 단지 기우가 아니라 근거가 있는 사실임을 느끼게 될 것입니다.

예시문 ②

꿀벌의 월동 폐사와 실종에 대한 기온 변동성의 영향

꿀벌의 생태와 관련하여 2021년 10월 겨울 벌 생산 시기와 겨울 (12월) 월동 봉구 형성 시기에 대하여 기온의 변동성을 분석한 결과, 전남 지역의 경우(특히 영암군), 10월 10일까지 '이상 고온 현상'을 겪다가 10월 17일에 기온이 급강하하는 '이상 저온 현상'을 연이어 받아서, 극적인 기온 변화가 발생하였으며, 이로 인해 월동을 위한 겨울 벌 생산에 차질이 생겼을 가능성이 뚜렷이 확인되었다. 또한 2021년 11월~12월 초에 평균 기온 12℃ 이상이 3일 이상 발생하여, 월동 봉군에서 산란이 시작되어 겨울 벌 수명이 단축되었을 가능성도 확인되었다. 2022년 1월과 2월 이상 고온/한파 현상은 꿀벌의 외출 및 미복귀로 인한 대량 실종 가능성을 제시해 주었다. 이상의 특징들은 다른 관련 지역들에서도 확인이 되었다.

－《한국 양봉학회지》, 2022년 9월

예시문 ②에서는 구체적 연구 자료를 제시하면서 꿀벌의 월동 폐사 현상이 전라남도 지역뿐 아니라 다른 지역에서도 발생하고 있다는 것을 확인해 주고 있습니다. 그리고 이 논문 자료에는 국가 기관, 저명한 대학 기관이 함께 공동으로 연구한 결과가 제시되어 있지요. 따라서 이 자료는 읽는 이에게 꿀벌의 집단 폐사 문제에 대해 신뢰할 만한 정보를 제공하고 있다고 여겨질 것입니다. 여기에 예시문 ③과 같은 전문가와의 인터뷰 자료는 꿀벌의 월동 폐사 문제에 대해 어느 정도 확신을 갖게 해 줄 것입니다.

예시문 ③

[인터뷰] "꿀벌 집단 실종 사건, 77억마리 꿀벌은 어디에…"

꿀벌은 환경 지키는 파수꾼… 인류에 영향 커
이상 기후, 기생 해충 피해에 폐사 현상 심화
세계 자원 70%가 꿀벌 수정… 식량 부족 위기도

- 방송: CBS 라디오 <김현정의 뉴스쇼> FM 98.1 (07:20~09:00)
- 진행: 김현정 앵커
- 대담: 최용수(국립 농업 과학원 연구원)

◆ 최용수: 네, 안녕하십니까? 최용수입니다.
◇ 김현정: 전국 곳곳에서 양봉 농가의 꿀벌들이 떼로 사라지고

있다. 얼마나 사라지고 있다는 얘기인가요?

◆ 최용수: 정확하게는 저희들이 월동 폐사라고 얘기를 할 수 있는데요. 양봉 협회에서 조사한 바로는 전체 벌 수 중에 한 18% 정도 피해를 본 것으로 확인을 하고 있습니다.

◇ 김현정: 18% 정도가 실종이 된다고요?

◆ 최용수: 그 벌통 자체가 폐사를 한 거죠. 월동, 겨울 중에요.

◇ 김현정: 그래요. 아니, 꿀벌들이 이렇게 폐사, 사라지는 이유가 뭔가요?

◆ 최용수: 지금 저희들이 원인 분석을 한 결과를 보면 기후 변화하고 그다음 꿀벌 해충, 이런 것들이 같이 연결돼 있는 현상입니다.

- 《노컷뉴스》, 2022년 3월 15일

이처럼 예시문 ①~③은 독자에게 꿀벌의 집단 폐사에 대한 정보를 제공할 목적으로 작성된 자료들입니다. 동일한 화제, 나아가 동일한 목적을 가졌지만 ①은 신문 기사, ②는 논문, ③은 대담이라는 서로 다른 형식을 가진 글로 표현되었습니다. 이렇게 목적은 같지만 형식은 다양한 글들은 서로 연관되어 있으며, 서로를 지지해 주는 역할을 한다고 볼 수 있습니다. 꿀벌의 집단 폐사 현상을 다룬 여러 자료는 서로 근거가 되어 주면서 서로를 뒷받침한다고 볼 수 있습니다. 이 자료를 바탕으로 앞에서 제시했던 동일한 화제를 다룬 자료를 읽으며 관점이나 형식의 차이를 비교해 볼까요?

꿀벌의 집단 폐사를 다룬 기사, 논문, 인터뷰 자료를 비교하면서 읽어 보니 꿀벌의 집단 폐사 문제가 비단 해외뿐 아니라 우리나라 전역에서 발생하고 있다.

⇩

꿀벌의 집단 폐사의 원인으로는 기후 변화, 해충 등의 문제가 있다는 것을 알게 되었다. 꿀벌 집단 폐사 원인은 서로 동떨어져 있는 것이 아니라 기후 환경과 연결되어 있다고 생각한다.

⇩

꿀벌이 집단 폐사하는 원인에는 기후 변화, 해충, 농약 살포 등 여러 문제가 있지만 가장 큰 원인으로는 기후 변화를 꼽을 수 있다. 꿀벌에게 익숙하던 기후가 갑자기 변하면서 꿀벌이 적응하지 못하고 폐사한 것이다.

이처럼 글이란 육류와 관련된 광고에서 볼 수 있는 것처럼 동일한 화제에 대해 서로 다른 관점에서 쓰일 수 있습니다. 또 꿀벌의 집단 폐사라는 동일한 주제라 하더라도 다양한 유형이나 종류로 표현될 수 있습니다. 그러므로 글을 읽을 때는 어떤 주장이나 의견을 상대방에게 설득하려는 목적으로 쓰인 글이라고 할지라도 논설문 형식으로 쓰일 수도 있고, 광고문이나 편지글로 쓰일 수도 있다는 것을 고려할 필요가 있습니다.

이렇게 하나의 자료에서 말하는 것보다는 몇 개의 자료에서 말하는 내용이 타당성이나 신뢰성을 얻을 가능성이 커집니다. 더구나 동일한 형식의 자료보다는 다양한 자료에서 동일한 주제를 이야기한다면 자료의 내용에 대한 신뢰성을 높일 수 있을 것입니다. 이런 과정을 거치면서 독자는 자신의 관점을 뒷받침하는 근거를 제공받을 수 있으며, 자신의 생각과 제시된 자료를 통합적으로 읽으면서 생각을 발전시킬 수 있을 것입니다. 이는 자신의 앞에 놓인 자료를 능동적이고 주체적으로 읽는 행위라고 말할 수 있습니다.

이것만은 알아 두세요

• 입장이 다른 글을 읽는 절차

관점이나 형식이 다른 다양한 글이나 자료를 비교·분석하기

⇩

대상 화제에 대한 자신의 관점 수립하기

⇩

서로 다른 관점과 형식의 글을 자신의 관점을 토대로 통합하기

⇩

자신의 관점에 따라 의미를 구성하고 표현하기

풀어 볼까? 문제!

1. 다음 중 동일한 화제를 다룬 여러 글을 읽으며 관점과 형식의 차이를 파악하는 목적으로 보기 어려운 것은 무엇일까요?

① 하나의 자료에서 말하는 것보다는 몇 개의 자료에서 말하는 내용이 타당성이나 신뢰성을 얻을 가능성이 크다.

② 동일한 형식의 자료보다는 다양한 자료에서 동일한 주제를 이야기한다면 자료의 내용에 대한 신뢰성을 높일 수 있다.

③ 입장이 다른 서로 반대되는 글을 읽을 때만이 비로소 동일한 화제에 대해 명확하게 파악할 수 있다.

④ 동일한 화제를 다룬 다양한 자료를 통합적으로 읽으면서 자신의 생각을 발전시킬 수 있다.

⑤ 동일한 화제를 다룬 다양한 자료를 읽는 것은 자신의 앞에 놓인 자료를 능동적이고 주체적으로 읽는 행위라고 말할 수 있다.

2. 다음은 입장이 다른 글을 읽는 절차입니다. 빈칸에 알맞은 말을 넣어 봅시다.

(1) 관점이나 (㉠)이 다른 다양한 글이나 자료를 비교·분석하기

⇩

(2) 대상 화제에 대한 자신의 (㉡) 수립하기

⇩

(3) 서로 다른 관점과 형식의 글을 자신의 관점을 토대로 (㉢)하기

⇩

(4) 자신의 관점에 따라 의미를 구성하고 (㉣)하기

정답

1. ③

2. ㉠ 형식, ㉡ 관점, ㉢ 통합, ㉣ 표현

복합양식을 고려하여 글을 읽어요

여러분은 혹시 그림이나 사진 등이 하나도 없는 글을 읽어 보았나요? 사전이나 법전 등은 가끔 사진이나 그림이 있긴 하지만 주로 글로 되어 있습니다. 만약 여러분이 사진이나 그림, 영상이 하나도 없는 신문 기사나 법전을 읽는다면 기분이 어떨까요? 아마 재미를 느끼기는 어려울 것입니다. 그래서 여러분들이 보는 책에는 교과서조차 글과 사진, 도표 등이 함께 실려 있습니다. 이런 자료들은 모두 글을 읽는 독자의 흥미를 유발하고 독자가 글의 내용을 이해하는 데에 도움을 주기 때문입니다. 특히 어려서부터 시각적이고 청각적인 이미지에 익숙한 여러분의 흥미를 끌고 내용을 기억하는 데 큰 도움을 주고 있습니다.

이처럼 우리가 다른 사람에게 정보를 전달할 때 말이나 글 외에 숫자, 문자, 그림, 소리, 동영상 등 다양한 형태를 통해 전달하면 더욱 효과적으로 전달할 수 있습니다. 또 단순히 글, 그림, 소리, 동영상 등 하나의 형식으로만 정보를 전달하는 것보다 글, 그림, 소리, 동영상 등이 섞인 복합양식을 통해 전달할 때 더욱 효과적으로 정보를 전달할 수 있습니다. 예를 들어, '디지털 소외'에 관한 글만 있는 경우보다는 디지털 소외와 관련된 글과 그림, 사진 등이 있는 자료나 글과 영상이 함께 있는 자료가 독자의 흥미와 관심을 끌 수 있습니다. 이처럼 정보는 다양한 방법으로 표현되며, 그 형식은 서로 다른 특징을 가지고 있습니다. 따라서 정보의 사용 목적을 잘 파악하면서 목적을 달성하기에 적절한 형식을 사용했는지를 판단하며 읽으면 정보를 더 효과적으로 파악할 수 있습니다.

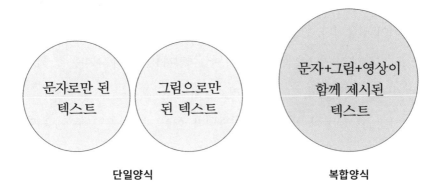

대상이나 관념을 설명하기 위해 사용한 표현 방식이 적절한지, 또 어떤 효과를 지니고 있는지를 판단하며 읽으면 제시된 정보를 효과적으로 읽을 수 있어요. 또한 복합양식의 글이나 자료가 작성된 맥락을 파악해 보고, 복합양식으로 구성된 글이나 자료의 내용이 타당한지, 얼마나 신뢰할 만한 것인지, 표현 방법은 적절했는지를 평가하며 읽을 때 복합양식의 효과와 적절성을 판단할 수 있습니다. 복합양식 자료의 효과와 적절성을 판단하는 것은 바로 텍스트를 비판적이고 능동적으로 읽는 방법이자 텍스트의 타당성과 신뢰성을 평가하는 방법이라 할 수 있습니다.

단일양식과 복합양식의 글이나 자료 비교하기

⇩

복합양식의 글이나 자료가 작성된 맥락 파악하기

⇩

복합양식으로 구성된 글이나 자료의 내용 타당성과 신뢰성, 표현 방법의 적절성을 평가하며 읽기

아래 제시된 세 가지 예시문을 한번 봅시다.

예시문 ①

디지털 격차는 어떻게 정보 취약 계층을 고립시키는가?

디지털 격차는 디지털이 보편화되면서 디지털 정보화 수준에 따라 계층 간 간극이 커지는 것을 의미한다. 디지털을 제대로 활용할 수 있는 사람들은 디지털의 편리함을 더 누리는 반면, 디지털을 제대로 이용할 수 없는 사람들은 불편함이 커진다. 문제는 디지털 격차가 단순 '격차'에서 끝나지 않고, 인식과 생각, 문화 등 사회적 격차로 확대되어 '소외' 현상을 일으킬 수 있다는 점이다. 디지털 정보화 수준은 디지털 활용 및 역량 수준뿐만 아니라 디지털 정보 접근 수준도 고려하는데, 4대 정보 취약 계층에는 고령층, 장애인, 저소득층, 농어민이 해당한다. 디지털 격차는 정보 취약 계층의 사회적 소통의 단절을 낳고, 정보를 획득·가공하여 부가 가치를 창출할 수 있는 경제적 환경을 제약한다. 이는 기회의 불평등으로 인한 빈부 격차의 심화, 사회 양극화의 심화라는 사회 문제를 유발한다.

-《홍대신문》, 2022년 3월 2일

예시문 ②

디지털 정보화 접근 수준

2022년 일반 국민 대비 정보 취약 4대 계층 종합 디지털 정보화 접근 수준은 96.0%로 2021년 대비 1.6%p 상승

디지털 정보화 접근 수준은 일반 국민의 디지털 정보화 접근 수준을 100으로 할 때 일반 국민 대비 4대 계층의 디지털 정보화 접근 수준을 의미. 계층별로 고령층의 디지털 정보화 접근 수준이 95.1%로 가장 낮은 수준이며, 농어민(95.7%), 장애인(96.7%), 저소득층(99.5%)의 순으로 저소득층이 가장 높음. 계층별 전년 대비 디지털 정보화 접근 수준 상승폭은 고령층(2.0%p↑), 장애인(1.1%p↑), 저소득층(0.8%p↑), 농어민(0.8%p↑) 순으로 나타나, 일반 국민 대비 고령층의 디지털 정보화 접근 수준이 전년 대비 가장 크게 상승함.

단위: %

구분	2018년	2019년	2020년	2021년	2022년
장애인	92.0	92.6	95.4	95.6	96.7
고령층	90.1	90.6	92.8	93.1	95.1
저소득층	94.9	95.2	98.3	98.7	99.5

| 농어민 | 91.0 | 91.3 | 94.8 | 94.9 | 95.7 |
| 취약 계층 평균 | 91.1 | 91.7 | 93.7 | 94.4 | 96.0 |

디지털정보화 접근 수준

※ 일반 국민의 디지털 정보화 접근 수준을 100으로 할 때, 일반 국민 대비
4대 계층의 디지털 정보화 접근 수준을 의미

디지털 정보화 역량 수준

(단위: %)

연령별 디지털 정보화 역량 수준

2022년 일반 국민 대비 정보 취약 4대 계층 종합 디지털 정보화

역량 수준은 64.5%로, 전년 대비 0.7%p 상승

계층별로 고령층의 디지털 정보화 역량 수준이 54.5%로 가장 낮

으며, 그다음으로 농어민(70.6%), 장애인(75.2%), 저소득층(92.9%)의 순

으로 나타남. 계층별 전년 대비 디지털 정보화 역량 수준 상승 폭은 농어민(1.0%p↑), 고령층(0.6%p↑), 장애인(0.3%p↑)의 순으로 나타났으며, 저소득층은 전년과 동일한 수준으로 나타남.

- 《2022년 디지털 정보격차 실태조사》, 한국 지능 정보 사회 진흥원

예시문 ③

디지털 격차 해소

**공익광고협의회
동영상 링크**

어머니: 아, 이거 뭐야? 어떻게 하는 거지?

광희: 어머님, 제가 도와드릴게요. 요거 누르고 요거 누르고…

Na: 오지랖이다.

어르신: 여기가 어디야?

광희: 어르신, 아~ 이 주소? 여기에 다 나와요.

Na: 오지랖이다.

광희: 그냥 오지랖이 아니거든요.

Na: 함께 배우고 나누는 디지털 소통,

　　　디지털 세상을 살아가는 큰 힘이 됩니다.

어머니: 고마워.

어르신: 참 쉽네!

Na: 다함께 누리는 디지털 대한민국!

위의 세 자료는 디지털 보편화에 따른 디지털 격차라는 주제를 다루고 있습니다. 모두 유사한 주제를 다루고 있지만 형식이 조금씩 다릅니다. 예시문 ①은 신문 기사이고 ②는 정부 기관의 보고서, ③은 공익 광고 협의회에서 만든 동영상 광고입니다.

여러분이 느끼기에 어느 자료가 말하고자 하는 바를 효과적으로 전달하고 있다고 생각하나요? 예시문 ①은 문자를 중심으로 내용을 전달하고 있으며, ②는 문자는 물론 표와 그림과 같은 시각 자료를, ③에는 짧은 문자와 음악과 사진, 그리고 영상이 들어가 있습니다. 위에서 볼 수 있듯이 복합양식의 자료는 단일 자료보다는 자료 생산자의 의도를 전달하는 데에 효과적일 수 있습니다. 예를 들어, 전적으로 글로 된 자료나 영상으로 된 자료보다는 글과 영상이 함께 섞인 복합양식의 자료가 무엇인가를 전달할 때 효과적일 수 있습니다. 복합양식 자료의 효과와 적절성을 판단하며 읽어 볼까요?

단일양식과 복합양식의 글이나 자료 비교하기

앞의 예시문 ①은 사진이나 그림 등이 없이 오직 문자로만 내용을 전하고 있는 단일 텍스트이고, ②는 문자와 통계 자료로, 그리고 그래프로 내용을 전하고 있는 복합양식의 텍스트입니다. 어느 자료가 매체 생산자의 의도를 효과적으로 전달하고 있을까요? 사람마다 조금씩 차이가 있겠지만 사람들 대부분은 예시문 ②가 효과적이라고 판단할 것입니다. 특히 통계와 관련된 내용을 문자로만 전달할 때는 내용 파악도 힘들고 읽고 지나간 부분의 내용을 기억하기도 힘들기 때문이죠. 이때 관련 내용을 도표나 그래프로 제시하면 읽는 이가 전달 내용을 쉽게 이해하고 파악할 수 있도록 도울 수 있습니다.

복합양식 자료인 ②는 문자 이외의 그림이나 통계 자료가 얼마나 효과적인지를 잘 보여 주고 있습니다. 만약 ②에서 밑줄 친 부분의 내용을 문자로만 제시했다면 읽은 이는 내용을 파악하고 이해하는 데 큰 어려움을 겪었을 것입니다. 연달아 제시된 숫자를 기억하기도 어려우며 내용의 정확한 이해를 방해할 것입니다.

예시문 ③ 또한 영상이 주가 되지만 약간의 문자 텍스트도 함께 제시된 복합양식의 매체 자료입니다. 특히 영상으로 제작된 ③은 디지털 격차의 문제를 실감 나게 효과적으로 전하고 있습니다. 설명이나 서술을 줄이고 우리 일상에서 벌어지는 일을 영상으로 그대로 보여 줌으로써 독자의 이해와 공감을 얻게 됩니다. 디지털에 소외된 사람을 주변에서 도와주면 어렵지 않을 것이라는 매체 생산자의 의도를 독자가 이해하고 공감하는 데는 별다른 어려움이 없었을 것입니다. 그만큼 영상 자료는 시청자들에게 핵심 내용을 전달하는 데 매우 효과적인 자료라고 할 수 있습니다.

복합양식의 글이나 자료가 작성된 맥락 파악하기

그렇다면 예시문 ②와 ③ 같은 복합양식의 자료는 어떤 이유에서 만들어졌을까요? ②는 디지털 소외 계층의 디지털 역량이 늘긴 했지만 여전히 디지털 소외 계층과 일반인들과의 디지털 격차가 크다는 것을 사람들에게 알리기 위해 작성된 자료입니다. ③은 디지털 소외 계층이 일상에서 겪는 어려움을 보여 줌으로써 우리 사회가 디지털 소외 계층에 관심을 갖고 노력할 필요가 있다는 것을 알리기 위해 만들어진 자료라 볼 수 있습니다.

이런 측면에서 ②와 ③과 같은 자료는 사회 전반으로 디지털 기기가 확산됨에 따라 디지털 소외 계층도 늘어난다는 것을 보여 줌으로써 우리 사회가 건강해지려면 이러한 디지털 소외 계층에 대한 배려와 관심이 필요하다는 사회적 요청으로 연구되고 제작된 것입니다. 이처럼 디지털 환경의 확대로 인한 디지털 소외 계층의 확산이라는 사회적 상황이 ②와 ③과 같은 보고서나 영상 자료가 만들어진 사회적 맥락이라고 할 수 있습니다.

복합양식으로 구성된 글이나 자료의 내용 타당성과 신뢰성, 표현 방법의 적절성을 평가하며 읽기

복합양식으로 구성된 글이나 자료의 내용 타당성 평가는 글이나 자료의 내용이 이치에 맞는지 따져 보는 것입니다. 그림, 도표, 영상 등을 활용하여 독자의 관심을 유도하고 설득력 있게 제시했더라도 제시된 내용이 사실이 아니거나 편견을 담고 있거나 글이나 자료에서 제시된 근거가 매체 생산자의 의도나 관점을 뒷받침하기에 부족하거나 적절하지 못했을 경우 타당성이 있는 자료라 보기 어렵습니다.

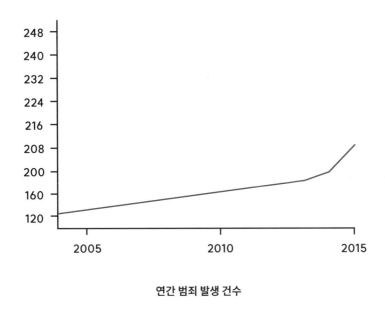

연간 범죄 발생 건수

위 그래프를 보면 2015년 가까이에 와서 범죄율이 급격하게 증가한 것처럼 보일 것입니다. 하지만 왼쪽 x축의 '연간 발생 건수'를 보면 120-160-200처럼 40의 간격을 보이다가 2015년 근처에 와서 208-216-224처럼 8의 간격을 이룬다는 것을 알 수 있습니다. 이런 자료는 꼼꼼하게 따져 읽지 않으면 자료 제작자가 설정해 놓은 의도에 휘둘릴 가능성이 있습니다.

만약 위 자료처럼 타당성이 없는 글이나 자료는 독자의 신뢰를 얻기 어려우며 그 순간 전달 효과는 사라지게 됩니다. 누군가가 말하는 내용을 믿지 못하면, 말하는 사람 역시 믿을 수 없게 되기 때문에 그 순간 화자의 목적은 달성하기 어렵게 됩니다.

글이나 자료의 신뢰성은 타당성과는 다른 측면에서도 따져 볼 수 있습니다. 글이나 자료의 생산자가 전문가인지, 글이나 자료가 최신 자료인지, 다루고 있는 글이나 자료가 아닌 다른 자료에서는 어떻게 이야기하고 있는지를 중심으로 글이나 자료의 신뢰성을 평가할 수 있습니다.

②의 생산자인 '한국 지능 정보 사회 진흥원(NIA)'은 정보 통신 기술(ICT)로 사회 문제를 해결하기 위해 만들어진 국가 기관이므로 디지털 사회와 관련이 깊은 전문 기관이라고 판단할 수 있습니다. 한국 지능 정보 사회 진흥원의 홈페이지에 접속해 보면 이 기관이 디지털 관련 사항과 깊게 연관되어 있음을 파악할 수 있을 것입니다. 또 ②는 2022년에 생산된 자료로 최신 디지털 환경을 반영한 자료이기에 신뢰할 만하다고 판단할 수 있습니다. 또 ①과 같은 신문 기사나 ③과 같은 공익 광고 등에서도 디지털 격차에 대해 언급하고 있으므로 ②에서 다루는 내용이 많은 이들의 공감을 얻는 주제이며 사회적 논의가 필요한 주제라고 판단할 수 있습니다.

②가 효과적인 자료가 되는 데는 글 중간중간 제시된 도표나 그래프가 큰 역할을 하고 있습니다. 만약 ②에서 도표나 그래프가 없는 상태로 글만 제시되었다면 예시문 ②는 ①보다 읽기 어려웠을 것입니다. 세세한 수치를 도표와 그래프로 제시함으로써 한눈에 내용을 파악할 수 있게 하고 비교해 볼 수 있도록 도왔기 때문입니다.

③의 영상 자료는 디지털 격차를 해소할 방법까지 제시하는데, 특

히 우리에게 친숙한 연예인을 등장시켜 내용을 전개하면서 신뢰성을 얻는 효과를 누리게 됩니다. 특히 연예인이 키오스크 앞과 길거리에서 끼어들어 어르신들을 도운 것에 대해 여성 내레이터가 "오지랖이다."라고 반복해서 말합니다. '오지랖'이라는 말은 '쓸데없이 지나치게 아무 일에나 참견하는 면이 있다'라는 뜻을 가진 단어로, 보통은 아무 일에나 쓸데없이 참견하는 사람에 대해 '오지랖이 넓다'라는 관용 표현을 쓰곤 합니다. 관용적으로 쓰이는 표현에서 느낄 수 있지만 이 표현은 긍정적인 경우보다는 부정적일 때 많이 사용합니다. 하지만 이 매체 자료에서 주인공인 연예인은 "그냥 오지랖이 아니거든요?"라고 말하면서 내레이터의 말을 반전시킵니다. 즉, 디지털 기기 사용에 어려움을 겪는 어르신들을 돕는 것은 참견이 아니라 내가 알고 있는 것을 모르는 사람에게 나누는 칭찬받을 일이라는 것을 강조하고 있습니다. 이처럼 부정적인 의미를 띈 '오지랖'이라는 단어를 긍정적인 면으로 반어적으로 탈바꿈하면서 독자에게 강한 인상을 남기고, 디지털 소외 문제에 관심을 두게 하는 효과적인 설득 전략을 구사하고 있다고 볼 수 있습니다.

이처럼 복합양식의 자료에서는 말이나 글로 제시될 때보다 시청각이 함께 작용하는 영상을 통해 구체적 상황과 행동을 보여 줍니다. 그럼으로써 디지털 소외가 먼 곳의 일이 아니라 우리 가까이에서 벌어지고 있으며 또 정부나 공익 단체뿐 아니라 누구나 디지털로 인해 소외된 주변 사람들을 도울 수 있다는 메시지를 효과적으로 전달한다고 평가할 수 있습니다. 특히 우리에게 친근한 연예인이 등장하여 디지털 소외 계층을 돕는 설정은 자료의 생산 목적을 전달하는 데 있어서 매우 적절했다고 평가할 수 있습니다.

이것만은 알아 두세요

• 복합양식으로 구성된 글 읽기 절차

단일양식과 복합양식의 글이나 자료 비교하기

⇩

복합양식의 글이나 자료가 작성된 맥락 파악하기

⇩

복합양식으로 구성된 글이나 자료의 내용 타당성과 신뢰성, 표현 방법의 적절성을 평가하며 읽기

풀어 볼까? 문제!

1. 다음 내용에 맞는 것을 짝지어 봅시다.

| 단일양식 | ㄱ • | | • ① | 글, 그림, 소리, 영상 등 다양한 형식으로 이루어진 자료 |

| 복합양식 | ㄴ • | | • ② | 글 또는 그림 등 하나의 형식으로만 이루어진 자료 |

2. 아래에 제시하는 용어와 개념을 바르게 이어 봅시다.

| 내용 타당성 | ㄱ • | | • ① | 자료의 내용이 믿을 만한 것인지 따져 보는 성질 |

| 신뢰성 | ㄴ • | | • ② | 자료의 내용이 이치에 맞는지 따져 보는 성질 |

| 표현 방법의 적절성 | ㄷ • | | • ③ | 자료가 효과적이고 적절하게 표현되었는지 판단해 보는 성질 |

전략적으로 읽어요!

읽기 맥락 등을 활용하여 글의 내용을 예측해요

앞서 독서와 등산의 유사성을 설명하면서 산을 오르기 전에 그날 오를 산이나 경로를 마음속에 그려 보듯이, 본격적으로 책이나 글을 읽기 전에 제목이나 차례 등을 보면서 글의 내용을 예측하는 읽기 전 활동을 할 수 있다는 것을 배웠습니다. 특히 읽고자 하는 글의 내용을 예측할 때 독자는 자신의 배경지식을 활성화하게 됩니다.

우리가 무엇인가를 예측한다는 것은 실제로 어떤 일이나 사건이 벌어지기 전에 앞으로 일어날 일을 미리 그려 보는 것입니다. 하지만 실제로 일이 벌어지고 있는 상황에서 다음 상황을 예측해 볼 수도 있을 것이며, 일이 다 끝난 다음에도 그 일이 다른 일이나 상황에 미칠 영향 등에 대해 예측해 볼 수도 있을 것입니다. 이처럼 예측은 읽기 전, 읽기 중, 읽기 후에 수행될 수 있으며, 읽기 중에 이루어지는 예측은 읽고 있는 글의 맥락 등을 바탕으로 이루어질 수 있습니다.

다음은 법정 스님이 쓴 〈먹어서 죽는다〉라는 글이 실린 책의 차례와 〈먹어서 죽는다〉의 일부입니다. 우선 다음의 내용을 살펴볼까요?

예시문 ①

차례 ①

1. 무엇을 읽을 것인가

　　눈 고장에서

　　식물도 알아듣는다

　　섣달 그믐밤

　　과일을 잘 고르는 엄마

　　새들이 떠나간 숲은 적막하다

　　남도기행

　　입하절의 편지

　　생명을 가꾸는 농사

　　당신은 조연인가 주연인가

　　떠오르는 두 얼굴

　　가을바람이 불어오네

　　수행자에게 보내는 편지

　　아메리카 인디언의 지혜

　　내가 사랑하는 생활

　　청빈의 향기

거룩한 가난

겨우살이 이야기

등잔불 아래서

봄나물 장에서

– 이하 생략

먹어서 죽는다 ②

가난한 제3세계에서는 곡식이 모자라 어린이를 비롯해서 수백만의 사람들이 굶주려 죽어 가는데, 산업화된 나라에서는 수백만이 넘는 사람들이 동물성 지방을 지나치게 섭취하여 심장병, 뇌졸중, 암과 같은 병으로 죽어 가고 있다. ③

미국 공중 위생국의 한 보고서에 따르면, 1987년에 사망한 210만 명의 미국인 중에서 150만 명은 지방의 지나친 섭취가 사망의 주요 원인이 되었다고 한다. 특히, 미국에서 둘째 번으로 흔한 질병인 대장암은 육식과 직접 관계가 있다고 한다.

또 다른 보고서에 따르면, 고기 소비와 심장 질환 및 암 발생이 서로 관련이 깊다고 한다. 쇠고기 문화권에서 심장병 발생률이 채식 문화권에서의 발생률보다 무려 50배나 더 높다는 것이다. 그러니 오늘날 미국인들과 유럽인들은 말 그대로 먹어서 죽는다고 할 수 있다.

　이와 같은 연구 사례를 읽으면서 내가 두려움을 느낀 것은, 요즘 우리나라에서도 어른 아이 할 것 없이 우리의 전통적인 식생활 습관을 버리고 서양식 식생활 습관을 그대로 모방하고 있다는 점이다.

　병원마다 환자들로 초만원⑤을 이루고 있는 원인이 어디에 있는지 우리는 곰곰이 생각해 보아야 한다. 먹어서 죽는 것은 미국인들과 유럽인들만이 아니다. 우리도 먹어서, 너무 기름지게 먹어서 죽을 수도 있다.

예측하며 읽기

(1) 읽기 전 예측

본격적으로 글을 읽기 전에 ① 차례, ② 글의 제목, ③ 도입 글, ④ 사진이나 그림 등을 통해 앞으로 읽게 될 내용을 예측할 수 있습니다. 우리는 글의 제목이나 사진 등을 보면서 그와 관련된 우리의 경험이나 지식으로 글의 내용을 짐작해 보기도 합니다. 특히 책의 차례나 제목 등을 통해 글의 전체적인 구조나 내용 구성을 파악하여 이어질 내용을 예측하는 것은 글을 이해하는 데 큰 도움이 됩니다. 그럼 법정 스님께서 쓰신 〈먹어서 죽는다〉와 관련된 예측 활동을 해 봅시다. 특히 아래 표의 '② 글의 제목'에서와 같이 자기 경험을 떠올리면서 글의 내용을 예측하는 활동은 배경지식을 활성화하여 글을 예측하는 경우에 해당합니다. 이처럼 경험과 배경지식을 활용하여 글 내용을 예측할 수 있습니다.

부분	예측의 예
① 차례	차례를 보니 다양한 주제에 대한 글쓴이의 생각이 표현되어 있겠군!
② 글의 제목	내 경험상 먹으면 죽는 것은 독 같은 것인데, 현대인의 식생활 습관이 독을 마시는 것과 같다는 내용이 나올 것 같군!
③ 도입 글	무소유를 강조한 스님이 쓰신 글이니 몸과 마음을 비워야 한다는 이야기 같군! 또 도입 글을 보니 많이 먹는 것이 생명을 위협한다는 내용이 이어질 것 같군!
④ 사진이나 그림	아, 사진을 보니 육식 위주의 식생활이 가진 문제점에 대해 다룬 글일 것 같군!

(2) 읽기 중 예측

글을 읽는 중에도 예측하는 활동을 수행할 수가 있습니다. 모르는 단어가 나왔을 때 글의 문맥에 비추어 그 단어의 의미를 예측해 보는 것이지요. 또 글을 읽으면서 생략된 내용이나 작가의 의도를 추론(미루어 짐작함)해 보는 것도 읽기 중에 이루어지는 예측 활동입니다. 〈먹어서 죽는다〉와 관련된 읽기 중 예측 활동을 해 봅시다.

부분	예측의 예
⑤모르는 어휘 나 헷갈리는 어휘	문맥을 살펴볼 때 '초만원'이라는 단어는 사람들이 매우 많다는 뜻 같군! 그래 지하철이나 버스가 붐빌 때, 방송 아나운서가 '초만원'이라는 말을 썼었지!
생략된 정보나 내용	많이 먹어 질병으로 죽게 된 미국인의 통계 이외에도 우리나라의 통계도 있을 것 같아!
작가의 의도	글쓴이는 우리나라 사람들이 덜 먹어야 건강과 환경을 지킬 수 있다는 것을 강조하기 위해 이 글을 썼겠구나!

표의 ⑤처럼 방송의 내용을 떠올리며 예측하는 활동 또한 배경지식을 활성화하여 글의 내용을 예측하는 활동에 해당합니다. 글의 맥락에 비추어 다음에 이어질 내용을 예측할 때 자신의 경험이나 알고 있던 지식을 활성화하기 때문입니다.

이 밖에도 예측하면서 글의 내용을 자신의 말로 바꾸어 이해할 수 있으며, 배경지식을 활용하며 글의 내용을 예측하기도 합니다. 이를 바탕으로 글의 숨겨진 의도나 글쓴이의 의도를 추론하며 읽을 수 있습니다. 나아가 글의 내용이나 글쓴이의 생각에 공감하거나 비판하는 활동을 할 수가 있습니다.

(3) 읽기 후 예측

글을 읽고 난 이후에 이루어지는 예측 활동은 글을 읽은 사람에게 어떤 영향을 미칠지 등을 예측해 보는 활동입니다. 앞서 우리는 읽기는 글쓴이와 독자의 상호 작용이라고 배웠습니다. 독서라는 글쓴이와 독자 사이의 상호 작용을 통해 의미를 전달하고 공유하면서 시대의 바람직한 문화를 조성할 수도 있습니다. 우리는 글을 읽은 후 공유와 전달로 인해 발생할 수 있는 상황들에 대해 예측해 볼 수 있는 것입니다.

부분	예측의 예
독자에게 끼치는 영향력	아, 이 글에 공감하는 사람들은 육식 위주의 식생활 습관을 고치려고 노력하겠구나!
	이 글은 채식주의자들에게 자신의 식생활 습관이 건강뿐 아니라 환경을 지키는 행동이었다는 자부심을 줄 수도 있겠구나.

글을 읽은 후에는 자연스럽게 글 전체의 내용을 요약하고 중심 내

용을 파악하게 됩니다. 이때 새로 알게 된 내용을 활용할 방안을 생각하면서 읽은 글이 미칠 영향을 예측해 볼 수 있을 것입니다.

이처럼 예측하는 글 읽기는 글에 대한 독자의 흥미를 높이고, 독자가 글의 내용을 더욱 깊이 있게 이해할 수 있도록 돕습니다. 이를 통해 독자는 글을 능동적으로 읽는 태도를 기를 수 있습니다.

추론하며 읽기

추론推論은 글자 그대로 '미루어 짐작해서 논하는 것'을 가리킵니다. '미루어 짐작한다'는 뜻이 '미리 추측한다'는 의미의 '예측豫測'과 비슷한 단어라고 생각할 수 있습니다. 그런데 '추론'에는 '예측'에는 없는 '논論'이라는 의미가 있습니다. 이는 '말하다', '진술하다' 등의 뜻 외에 '사리를 밝히다', '사물의 이치를 헤아리다' 등의 추가적인 의미도 담고 있습니다. 이런 측면에서 '추론'은 미루어 짐작해서 말하는 것을 넘어서 짐작한 것이 타당한지를 따져 보는 독자의 능동적이고 적극적인 활동이 포함되어 있습니다. 예측이 제시된 정보 등을 바탕으로 이어지는 내용을 미리 추측해 보는 활동이라면, 추론은 제시된 정보 등을 바탕으로 앞으로 나올 내용을 미리 짐작해 보는 것은 물론 제시된 정보를 바탕으로 텍스트나 자료에서 언급하지 않은 것들까지 미루어 짐작하며 숨겨진 작가의 의도를 파악하거나, 텍스트나 자료의 타당성을 평가하는 활동까지 포함하는, 보다 능동적인 읽기 활동이라고 할 수 있습니다.

분명 이 글에는 숨겨진 의도가 있어.
그렇다면 내가 탐정이 되어 볼까?

　글 읽기는 단순히 글자를 읽고 그 정보를 받아들이는 것에서 끝나는 것이 아니라 필자가 전달하는 메시지를 비판하고 추리하는 사고 과정을 포함합니다. 특히 표면적으로 드러난 정보 외에 숨은 정보나 드러나지 않는 사실을 발견하여 정보를 재구성해야 하는 경우에는 메타인지를 발휘하여 읽기 과정을 점검, 조정하는 과정이 필수적이라 할 수 있습니다.

　모든 말과 글에는 내용이나 뜻이 분명하게 제시되는 경우도 있지만 정보가 생략되어 제시되는 경우도 많습니다. "오늘은 오랜만에 미세 먼지가 적고 대기질이 좋은 날입니다."라는 문장을 봅시다. '은/는'이라는 보조사를 사용하였습니다. '오늘은'은 '오늘도'와는 의미하는 바가 무척 다릅니다. '도'라는 보조사에 '역시', '또한'의 의미가 있다면, '은'은 대조의 의미를 가지고 있습니다. 다른 정보가 없음에도 '은'이라는 보조사와 '오랜만에'라는 부사에서 오늘 이전에 오늘과는 다른 상황이 있었다는 것을 짐작할 수 있습니다. 글을 읽는 사람은 자연스럽게 이전에는 미세 먼지가 많고 대기질이 좋지 않았다는 정보를 추론하게 됩니다. 평소에 잘 느끼지 못하지만 우리는 일상에서 숱하게 추론을 경험하고 있습니다. 다음 사진을 볼까요?

(출처: 공익광고협의회)

사진은 공익 광고의 일부입니다. 생수 페트병과 포장용 음료 컵의 일부가 잘려 나가 있음을 알 수 있습니다. 사진에 나온 활자 정보는 단 한 줄, "당신이 마신 건 생수(커피)만이 아닙니다"라는 문구입니다. 사진을 보고 나면 자연스럽게 잘려 나간 부분이 무엇인지 생각하게 됩니다. 둘의 소재가 모두 플라스틱 용기라는 점, 최근 무분별한 플라스틱 사용이 환경에 끼치는 악영향에 관한 우려의 목소리가 크다는 점을 파악한다면, 별다른 정보 없이도 '무심코 사용한 플라스틱이 미세 플라스틱이 되어 체내로 유입될 수 있다'는 점을 경고한 것이라는 추론이 가능해집니다. 곧 일정 정도의 정보가 생략되어 있어도 숨겨진 의도를 추론할 수 있는 것입니다.

이것만은 알아 두세요

• 각 단계에 따른 예측 지표

읽기 단계	예측 지표
읽기 전	차례
	글의 제목
	도입 글
	사진이나 그림

읽기 단계	예측 지표
읽기 중	모르는 어휘나 헷갈리는 어휘
	생략된 정보나 내용
	작가의 의도

읽기 단계	예측 지표
읽기 후	독자에게 끼치는 영향력

풀어 볼까? 문제!

1. 글쓴이의 의도를 예측하는 것은 읽기 전, 중, 후의 어느 단계에 속할까요?

2. 하영이는 다음과 같이 예측하며 책을 읽었습니다. 읽기의 전, 중, 후 가운데 어디에 속할까요?

> 이 글을 읽고 나니 참 생각할 게 많네. 우리가 무심코 하는 사소한 행동이 지구의 환경을 파괴하고 있다는 것을 알게 되었으니 다른 친구들에게 책의 내용을 알려야겠네!

3. 다음은 예측하며 읽기의 효과를 진술한 문장입니다. 빈칸에 알맞은 말을 넣어 보세요.

> 예측을 하며 글을 읽는 것은 글에 대한 독자의 흥미를 높이고, 독자가 글의 내용을 보다 깊이 (㉠)할 수 있도록 도울 수 있습니다. 독자는 예측하며 읽기를 통해 글을 (㉡)으로 읽는 태도를 기를 수 있습니다.

정답

1. 읽기 중

2. 읽기 후

3. ㉠이해, ㉡능동적

읽기 목적이나 글의 특성을 고려하여 내용을 요약해요

여러분 아래 보이는 그림이 무엇인지 아시죠? 아마도 집이나 학교에서 많이 해 봤을 것입니다. '의미 지도' 또는 '마인드맵'이라고 불리는, 생각을 확장하거나 내용을 정리할 때 많이 쓰이는 방법입니다. 이방법은 글의 내용을 읽은 후 핵심 내용을 요약할 때도 유용합니다.

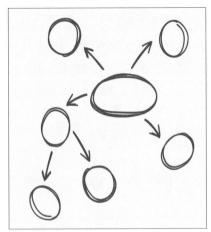 

요약하기란 어떤 글의 핵심 내용을 간추리거나 글쓴이가 전달하고자 한 사실이나 지식, 의견, 주장 등을 객관적으로 줄여서 다시 구성해 쓰는 것을 말합니다. 글의 내용 중 중요한 것을 간추려 중심 내용이 잘 드러나게끔 재구성하는 활동인 요약하기를 제대로 수행하기 위해서는 무엇보다도 글에 대한 정확한 이해가 필수적입니다.

요약하기의 일반적 원칙

요약할 때 일반적으로 이용하는 방법이 있습니다. 이를 요약하기의 일반적 원칙이라고 부릅니다. 요약하기의 일반적 원칙에는 '선택', '일반화', '재구성' 등이 있습니다.

(1) 알맹이와 껍데기를 구별하라(선택의 원칙)

글의 중심 내용과 그렇지 않은 내용을 구별할 줄 알아야 합니다. 요약할 때는 중심 내용을 선택하고, 보조적인 내용들은 버릴 줄 알아야 합니다. 다음 예문을 보고 활동을 해 볼까요?

> 사자는 힘이 세다. 우선 사자는 자기의 먹잇감으로 삼은 동물을 덮쳤을 때, 그 동물이 도망가지 못하도록 세차게 물고 늘어진다. 그리고 그 힘은 바로 강력한 턱의 힘에서 나온다. 또 사자는 동료 사자들과 놀이할 때 발로 상대방을 후려치곤 하는데, 그 힘이 어떻게나 센지, 그 주먹에 맞아 부상을 입고 도태되는 놈까지 생기곤 한다.

제시된 글은 네 문장으로 구성되어 있습니다. 핵심 문장은 첫 문장, '사자는 힘이 세다'이므로, 위 내용을 간단히 하면 '힘센 사자' 정도가 되겠지요? '이빨의 힘이 강한 사자', '발의 힘이 강한 사자', '턱의 힘이 강한 사자' 등은 중심 내용을 보조하는 예시에 불과합니다.

(2) 한마디로 뭐야?(일반화의 원칙)

글을 읽다 보면 잘 정리되고, 논리의 전개가 깔끔한 경우만 있는 것은 아닙니다. 그때 '도대체 뭘 말하고 싶은 거야', '한마디로 뭐야' 등의 생각이 들게 됩니다. 이럴 때 구체적인 내용에서 핵심만 추려 일반적인 내용으로 바꾸는 일반화의 원칙 혹은 추상화의 원칙을 적용해 글을 간결하게 할 수 있습니다. 구체적인 개념이나 세부 정보를 나타내는 단어가 여러 개 있을 때 그 단어들을 포괄하는 단어로 묶는 방법이 이에 속합니다.

요약 전
얘들아, 오늘 대청소하는 날이니 교실에서 <u>빗자루, 쓰레받기, 털이개, 걸레</u> 좀 가지고 특별실로 와라.

요약 후
얘들아, 오늘 <u>청소 도구</u>를 가지고 가서 특별실 대청소 좀 하자.

두 문장의 차이는 무엇일까요? 오른쪽 문장이 왼쪽의 문장을 단순히 옮겨 놓은 것은 아님을 알 수 있습니다. '빗자루, 쓰레받기, 털이개, 걸레' 등을 상위 개념인 '청소 도구'로 축약한 것을 알 수 있습니다. 이렇게 하위 개념에 속한 것들을 모아 상위 개념으로 표현하기 위해서는 '빗자루, 쓰레받기, 털이개, 걸레' 등이 청소 도구에 속한다는 것을 미리 알고 있어야 합니다. 일종의 배경지식이 필요한 것이죠.

(3) 자기의 것으로 소화하자(재구성의 원칙)

음식물을 먹고 소화를 시켜야 힘을 쓸 수 있듯이, 글의 내용을 전반적으로 파악했더라도 요약된 내용 간의 질서(위계질서)를 파악하지 못하면 아무 쓸모가 없습니다. 특히 한 편의 글 속에는 관련된 내용이 흩어져 있을 수 있기에 더욱 그렇습니다. 여기에서 위계질서란 어떤 것이든 보다 중요한 것과 덜 중요한 것이 층을 이루고 있음을 뜻합니다. 즉 계층을 파악한다는 것은 중요한 것과 중요하지 않은 것을 구별하는 것을 말합니다. 중심 내용이 분명하게 드러나는 문장을 찾기 어려운 경우, 주요 내용을 바탕으로 중심 문장이 담긴 문장을 새로이 만들 수 있습니다.

요약 전	요약 후
해가 지기 전 우리는 이모저모 너무 바빴다. A조는 쌀을 씻으러 수돗가에 갔고, B조는 야채를 씻으러 갔다. C조는 찌개에 넣을 햄을 사러 편의점에 갔고, D조는 음식을 차릴 식탁을 정비했다.	우리는 해가 지기 전 저녁 준비로 바빴다.

'저녁 준비로 바빴다.'라는 말은 요약 전에 제시된 글에는 없는 내용이지만 A, B, C, D조가 한 내용을 추리면 '저녁 준비'라는 새로운 언어로 요약될 수 있습니다.

요약하기를 통해 우리는 '이해력'과 '표현력'이라는 두 가지 능력을 기를 수 있게 됩니다. 요약하기가 '이해력'을 높여 준다는 것은 정확한 요약을 위해서는 글의 내용에 대한 이해가 전제되어야 하기 때문입니다. 반복적으로 요약을 연습하다 보면 글의 내용을 이해하고 핵심 내용을 파악하는 능력이 길러질 것입니다.

요약의 방법

(1) 반복되는 내용이나 덜 중요한 내용은 삭제

주어진 글 속에는 삭제하더라도 글의 이해에 방해가 되지 않는 부연(보충, 강조) 부분이 있기 마련인데, 이 부분들을 제거하면서 요약문의 뼈대를 세워 갑니다. 아래 제시된 글에서 중심 문장과 삭제해도 글의 내용에 영향을 미치지 않는 부분을 구별해 봅시다.

인간은 선한 존재이다. 다시 말해서 인간은 태어날 때부터 선한 마음을 가지고 태어난다. 아무리 악한 사람이라도 자기 부모가 죽거나 자기 자식이 병이 들면 슬퍼하는 것을 볼 때, 인간의 근본 심성은 착하다고 볼 수 있다.

윗글에서 중심 문장은 첫 번째 문장입니다. 나머지 문장은 첫 문장을 뒷받침하는 문장이므로 삭제해도 윗글의 내용을 파악하는 데는 큰 지장이 없습니다.

(2) 예시나 비유 등의 구체적인 진술들은 제외

예시나 비유 등의 구체적인 진술들은 제외하는 것이 보통입니다. 이런 부분을 생략해도 글이 전달하고자 하는 의미가 훼손되거나 사라지지는 않습니다. 아래의 글에서 생략해도 글의 전개에 영향을 미치지 않는 부분을 찾아봅시다.

흔히 현대 사회의 많은 문제가 과학에 책임이 있는 것으로 생각한다. 즉, 과학이 인간의 윤리나 가치 같은 것은 무시한 채 맹목적으로 발전해서 많은 문제—예를 들어, 무기 개발, 전쟁 유발, 환경 오염, 인간의 기계화, 생명의 존엄성 위협—를 만들지만 이에 대해서 아무런 책임을 지지 않고 있다는 생각이 그것이다

윗글의 중심 문장은 첫 번째 문장이며, 이후의 문장들은 첫 문장을 뒷받침하는 문장들입니다. 특히 인간의 맹목으로 인해 생긴 문제들의 예들은 요약할 때는 생략해도 괜찮습니다.

(3) 하위 개념은 상위 개념으로 바꾸어 요약문을 작성

구체적이고 특수한 언어를 추상적이고 일반적인 언어로 바꾸어 줍니다. 따라서 요약문의 길이가 짧아질수록 하위 개념들을 포괄하는 상위 개념이 많이 쓰였을 가능성이 큽니다. 다음 글을 하나의 문장으로 요약해 봅시다.

조선의 예술은 그 향유 계층에 따라 크게 두 가지 모습을 보인다.

양반들이 향유한 고급 예술들은 형식적으로 안정감이 있으며, 내용 면에서는 구체적인 실상을 다루기보다는 어떤 이상적인 관념을 예술화시킨 경우가 많다. 문학의 경우 사대부 시조가 그 예인데, 사대부들이 쓴 시나 가사 등은 많은 경우 임금에 대한 충, 부모에 대한 효, 우정 등의 이상적 관념을 노래한 경우가 많다. 한편 미술 분야에서는 조선의 경치와 모습을 그리는 것이 아니라, 그들의 정서적 고향인 중국의 모습을 그린 경우가 많다. 혹 조선의 정경情景을 그렸다 하더라도 규격화된 형식 안에서 그린 경우가 많다.

이에 반해, 일반 민중들이 누린 민중 예술은 형식적으로 투박하고 자유로운 경향이 강하며, 민중들의 구체적인 현실을 내용으로 다루는 경우가 많다. 문학의 경우 사설시조 및 판소리, 탈춤 등이 대표적인데, 이것들은 기존의 형식을 파괴함은 물론 내용상으로도 지배 계층의 무능과 부조리를 비판하고 있다. 미술 역시 풍속화에서 볼 수 있는 것처럼 우리 주변의 인물과 풍경을 사실적으로 묘사하고 있다.

조선 예술의 특징을 다루고 있는 글입니다. 조선 예술을 크게 양반이 향유한 양반 예술과 민중이 향유한 민중 예술로 나누어 그 특징을 설명하고 있습니다. 그러므로 조선의 예술은 크게 이상 세계를 관념화한 양반 예술과, 구체적 현실을 다루는 민중 예술로 요약될 수 있습니다. 양반 및 민중 예술의 특징을 설명하면서 언급된 문학과 미술의 경우는 일종의 예로 생략될 수 있습니다. 왜냐하면 그것보다 상위 개념인 양반 예술과 민중 예술의 특징에 각각 수렴되기 때문입니다.

앞에서 우리는 요약하기를 통해 '이해력'과 '표현력'이라는 두 가지 능력을 기를 수 있다고 배웠습니다. 우선 이해력에 관해 말하자면, 글의 내용을 제대로 이해하지 못한 채로는 정확한 요약을 할 수 없습니다. 어려운 일이기 하지만 꾸준히 반복해서 요약하기를 수행하다 보면 글의 내용을 더욱 잘 이해하고 파악하게 됩니다.

또 요약하기가 '표현력'을 길러 준다는 것은 글쓴이가 전달하고자 하는 내용이나 생각을 압축하는 과정에서 자신만의 언어로 표현하기 때문입니다. 글에 나타난 언어를 그대로 줄여 옮기는 것이 아니라 자신의 언어로 바꾸어 옮기기 때문이죠. 이것을 재구성 또는 재진술이라고 합니다.

읽기 목적이나 글의 특성에 따른 중심 내용 요약하기

앞에서 요약하는 일반적인 방법을 살펴보았습니다. 요약하기의 일반적인 방법들은 어느 글에서나 사용할 수 있는 방법입니다. 어떤 경우에는 글을 읽는 목적이나 글의 특성에 따라 다르게 글의 내용을 효과적으로 요약할 수 있습니다.

(1) 정보 전달하는 글(설명문) 요약하기

설명하는 내용 가운데 중요한 정보를 중심으로 하여 요약하며 구체적인 사례는 삭제하는 것이 좋습니다.

조선 시대 예술의 특색은 소박함과 순진함에 있으며, 이런 점이 오히려 청신한 맛을 풍겨 사람에게 친근감을 줄 때도 많다.

건축은 초기부터 새 수도의 건설 사업에 따라 활발한 움직임을 보여 궁전으로서 훌륭한 것이 많았으나 임진왜란 때에 거의 불타 없어지고, 지금 남아 있는 것으로는 창덕궁·돈화문·창경궁의 홍화문·명정문 등이 있다.

회화는 중앙에 도화서를 두고 화원을 길러서 조정이나 중신들의 필요에 따라 그림을 그리게 하였다. 조선 초기 세종 때에 활약한 대가大家로는 안견·최경崔涇·강희안을 들 수 있는데, 이 중에서도 안견은 특히 산수山水에 능하여 〈몽유도원도〉라는 명작을 남겼으며, 후기까지도 그의 화풍을 따르는 화가가 끊이지 않을 정도로 큰 영향을 끼쳤다.

서예로는 조선 전기에 안평대군安平大君·김구金絿·양사언楊士彦·한호韓濩 등이 각각 명성을 드러냈으며, 후기에는 특히 김정희金正喜가 나타나 추사체秋史體, 또는 원당체院堂體라는 독특한 서체를 창작하여 국내는 물론 중국 학자들에게서 절찬을 받았다.[*]

---

[*] 출처: 위키백과

첫째 문장이 이 글의 중심 문장이라고 볼 수 있습니다. '건축', '회화', '서예'는 예술의 하위 항목에 해당하므로, 나머지 문장들은 첫째 문장을 뒷받침하는 예시로 기능하고 있다고 볼 수 있습니다. 다시 말해서, '건축', '회화', '서예' 등의 분야에서 설명하는 것들이 결국 첫 문장에서 이야기하고 있는 조선 예술이 가진 특징들을 보여 주는 예로 작용하고 있는 것입니다. 그러므로 요약할 때는 가장 중요한 정보 또는 글쓴이의 의도가 담겨 있다고 생각되는 첫째 문장을 중심으로 '조선의 예술은 소박하고 순진한 점이 있어 사람에게 친근감을 주는 특징이 있다.'라고 요약할 수 있겠네요.

(2) 설득하는 글 요약하기

설득하는 글 또는 주장하는 글을 요약할 때는 주장이 무엇인지 파악하고, 주장을 뒷받침하는 근거를 체계적으로 정리한 다음, 주장과 근거를 중심으로 하여 요약하는 것이 좋습니다. 여기에서 주장은 사건이나 상황을 바라보는 자신의 생각이나 의견을 의미하고, 또 근거는 주장을 뒷받침하는 내용을 뜻합니다. 특히 근거를 제시할 때 전문가의 의견, 설문 조사나 연구 결과 등의 적합하고 신뢰가 가는 근거를 제시한 글이 설득력을 얻게 됩니다.

우리 학교의 점심시간은 너무 짧다. 3개 학년을 2개의 급식소에서 배식하니 1개 학년 정도는 항상 밥을 늦게 먹게 마련이다. 시간에 쫓겨 허둥지둥 먹다가 체하는 경우가 있는데, 밥은 천천히 먹어야 소화가 잘되어 건강해진다는 것을 모두 알고 있을 것이다. 또 배식을 늦게 받은 아이들은 다 먹지도 못하고 수업할 때가 있는데, 이는 학생들의 식사할 권리가 보장되지 않은 것이다. 그러므로 누구나 여유를 갖고 천천히 소화를 시키며 먹기 위해서는 반드시 점심시간을 늘려야 한다고 생각한다.

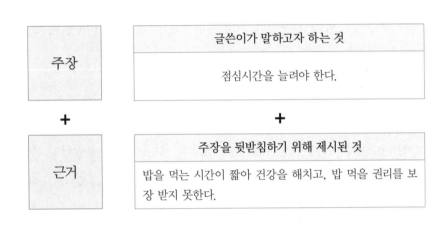

주장	**글쓴이가 말하고자 하는 것**
	점심시간을 늘려야 한다.

+

근거	**주장을 뒷받침하기 위해 제시된 것**
	밥을 먹는 시간이 짧아 건강을 해치고, 밥 먹을 권리를 보장 받지 못한다.

점심시간을 늘려야 한다고 주장하는 글입니다. 이 주장에 대한 근거로 점심시간이 너무 짧아 학생들이 시간에 쫓겨 밥을 먹는 상황을 제시하고 있네요. 이처럼 주장하는 글은 크게 보면 '주장'과 '근거'로 이루어진 글이라 할 수 있습니다. 신문 사설이나, 칼럼, 논설문, 건의문 등은 아무리 길고 복잡해 보이더라도 그 핵심적인 내용은 주장과 근거로 간단히 정리될 수 있습니다. 주장하는 글 중에서 약간은 형식

과 격식을 갖추어야 하는 건의문의 경우는 주장과 근거 대신에 요구 사항과 문제 상황 또는 문제점과 해결 방안 등으로 바꾸어 표현할 수 있습니다. 건의문의 경우도 넓게 보면 요구 사항과 해결 방안은 주장에, 문제와 문제 상황은 근거에 해당한다고도 볼 수 있습니다.

(3) 서사(이야기)적인 글 요약하기

이야기, 곧 서사적인 글을 요약할 때는 인물, 사건, 배경, 문제 해결 등의 요소를 중심으로 요약하면 좋습니다. 서사적인 글은 분량이 많고 겉으로 드러나지 않는 함축적인 표현들이 많아 요약하는 데 어려움이 있을 수 있습니다. 그래서인지 교과서를 보면 문학 작품의 감상이 끝나면 첫 번째 활동으로 줄거리를 요약하는 활동이 나옵니다. 작품의 내용 파악이 가능해야 사고를 확장하거나 문제 해결을 요하는 다음 활동으로 나아갈 수 있기 때문입니다.

그런데 문학 작품을 인물, 사건, 배경을 중심으로 요약하려 해도, 인물, 사건, 배경이 너무 많으면 흐름을 가지고 요약하기가 힘들 수도 있습니다. 이런 경우 중심적인 인물과 그 인물이 겪는 사건, 그리고 배경을 중심으로 요약하는 것이 좋습니다. 다음은 황순원의 〈소나기〉를 중심인물이 겪는 사건과 그들을 둘러싼 배경을 중심으로 요약한 글입니다. 특히 소설은 장면과 장면이 이어지면서 인물 사이의 관계가 펼쳐지는 경우가 많습니다. 인물 사이의 사건이 펼쳐지는 주요 장면들과 관련된 시간(계절), 공간 등이 배경을 이룹니다.

(장면1) 서울에서 내려온 소녀가 개울가에서 물장난을 (장면2) 치다가 하얀 조약돌을 소년에게 던지고 갈밭 사잇길로 도망쳤다. (장면3) 소년은 소녀가 던진 조약돌을 내려 보다가 그것을 집어 주머니에 넣었다. (장면4) 소년은 소녀가 하던 짓을 흉내 내다 들키자 메밀밭으로 도망가다가 넘어져 코피를 흘렸다.

어느 날, (장면5) 소년이 산 너머로 놀러 가자는 소녀의 제안을 받아들였지만, 곧 (장면6) 자신이 할 일과 소녀와 함께 있는 것 사이에서 갈등을 겪는다. (장면7) 소년과 소녀는 무 밭에서 무를 뽑아서 먹고, (장면8) 소녀가 꽃을 꺾다 다치자 소년이 상처에 송진을 발라 준다. (장면9) 그 이후 소년과 소녀가 송아지를 타고 놀다가 소나기를 만나고 소년이 소녀를 원두막으로 데려갔는데, (장면10) 원두막이 비를 막지 못하자, 소년이 소녀를 수숫단 속으로 데려간다. 비가 그치자, (장면11) 소년이 소녀를 업고 소나기로 인해 불어난 개울물을 건넜다.

그 이후 소나기로 인해 병을 얻어 오랫동안 보지 못했던 소녀가 (장면12) 오랜만에 만난 소년에게 대추를 건넸다. 그리고 (장면13) 소년은 소녀에게 줄 호두를 따서 주머니에서 만지작거리다가 밤에, (장면14) 소년이 부모님의 대화를 통해 소녀의 죽음을 알게 된다.

이처럼 서사적인 글(이야기)을 장면별로 나눈 후 각각의 장면 안에서 벌어진 인물과 인물 사이의 사건을 중심으로 요약해서 이으면 전체적인 줄거리가 됩니다. 이때 인물 사이의 사건이 벌어지고 있는 시간(계절), 공간 등을 함께 요약한 후, 장면과 장면이 이어지게 말을 연결해 주면 전체 글에 대한 요약문이 작성될 수 있습니다. 위 예시처럼 전체 요약문을 '처음-중간-끝'으로 정리하면 요약문의 흐름이 분명해질 것입니다.

그런데 자세히 살펴보면 같은 단락에 묶인 장면에는 중요한 장면도 있지만 별로 중요하지 않은 장면도 있습니다. 예를 들어 (장면1)~(장면4)에 해당하는 처음 부분에서 장면 (3)~(4)는 이야기를 이해하는 데 있어 (1)~(2)에 비해 부차적인 것으로 보입니다.

(장면1) 서울에서 내려온 소녀가 개울가에서 물장난을 (장면2) 치다가 하얀 조약돌을 소년에게 던지고 갈밭 사잇길로 도망쳤다. ~~(장면3) 소년은 소녀가 던진 조약돌을 내려 보다가 그것을 집어 주머니에 넣었다. (장면4) 소년은 소녀가 하던 짓을 흉내 내다 들키자 메밀밭으로 도망가다가 넘어져 코피를 흘렸다.~~ → 첫 만남의 시간(탐색의 시간)

처음 부분은 '서울에서 온 소녀가 개울가에서 물장난을 치다가 조약돌을 소년에게 던지고 도망쳤다.'라고 요약할 수 있습니다. 이 이야기의 처음은 주요 인물인 소년과 소녀가 어떻게 만나게 되었는지에 초점을 둔 부분이라고 볼 수 있습니다. 이런 과정을 거쳐 위 이야기의 중간 부분과 끝부분을 요약하면 아래와 같습니다.

어느 날, (장면5) 소년이 산 너머로 놀러 가자는 소녀의 제안을 받아들였지만, 곧 (장면6) 자신이 할 일과 소녀와 함께 있는 것 사이에서 갈등을 겪는다. (장면7) 소년과 소녀는 무밭에서 무를 뽑아서 먹고, (장면8) 소녀가 꽃을 꺾다 다치자 소년이 상처에 송진을 발라 준다.(장면9) 그 이후 소년과 소녀가 송아지를 타고 놀다가 소나기를 만나고 소년이 소녀를 원두막으로 데려갔는데, (장면10) 원두막이 비를 막지 못하자, 소년이 소녀를 수숫단 속으로 데려간다. 비가 그치자, (장면11) 소년이 소녀를 업고 소나기로 인해 불어난 개울물을 건넜다.

└→ (함께한 시간)

그 이후 소나기로 인해 병을 얻어 오랫동안 보지 못했던 소녀가 (장면12) 오랜만에 만난 소년에게 대추를 건넨다. 그리고 (장면13) 소년은 소녀에게 줄 호두를 따서 주머니에서 만지작거리다가 밤에, (장면14) 소년이 부모님의 대화를 통해 소녀의 죽음을 알게 된다.

└→ (이별의 시간)

소설 〈소나기〉는 크게 보자면 만남의 시간–함께했던 시간–이별의 시간의 흐름으로 요약할 수 있습니다. 중요하지 않다고 판단되는 사건은 삭제하고 중요한 사건을 중심으로 남긴 후 이어 붙이면 다음과 같이 한 단락으로 요약할 수 있습니다.

서울에서 내려온 소녀와 시골 소년이 개울에서 장난을 치고 놀고 있었다. 어느 날 소녀가 소년에게 놀러 가자고 제안하자, 소년은 자신이 해야 할 일 때문에 갈등하다가 소녀의 제안을 받아들여 산 너머로 놀러 간다. 놀던 도중, 두 사람은 소낙비를 만나고, 그 비를 피하려고 소년이 소녀를 수숫단 속으로 데려간다. 비가 그친 후, 소년이 소녀를 업고 물이 분 개울을 건너간다. 며칠 후 소년은 소녀를 보게 되었으나, 얼마 후 소년은 소녀가 죽었다는 것을 듣게 된다.

이렇게 한 단락 정도로 요약된 내용이 소설 〈소나기〉의 줄거리라고 말할 수 있습니다. 이 요약문을 보면 소년과 소녀 사이에 어떤 일이 있었고, 또 둘 사이의 관계가 어떻게 진행되었고, 마지막으로 어떻게 이별하게 되었는지가 잘 나와 있습니다.

지금까지 펼쳐진 내용을 정리하면 서사적인 글(이야기)은 다음과 같은 단계를 거쳐서 요약됩니다.

주요 장면 또는 시간의 흐름에 따른 요약(인물, 사건, 배경 고려)

⇩

요약문을 처음, 중간, 끝의 세 부분으로 나누기

⇩

중요한 사건은 남기고 불필요한 사건은 삭제하기

$$\Downarrow$$

남겨진 중요한 사건을 중심으로 한 단락으로 요약하기

글의 구조를 고려하여 중심 내용 요약하기

글의 구조를 중심으로 요약을 진행하면 글의 중심 내용을 파악하기에 좋습니다. 이때는 글의 미시적 구조 또는 내용 전개 방식을 고려하여 요약하면 됩니다. 문단과 같은 일부분을 요약할 때는 미시적 구조를 중심으로 요약하고, 글 전체를 요약할 때는 내용 전개 방식을 고려하여 요약하는 것이 좋습니다.

(1) 미시적 구조를 고려한 요약하기

미시적 구조를 고려한 요약하기는 문단 차원의 요약하기에 해당합니다. 문단을 요약할 때도 앞에서 배운 선택과 삭제의 일반 원리가 작용합니다.

① 두괄식으로 요약하기

요약 전	요약 후
사자는 힘이 세다. 어깨 힘이 세다. 다리 힘이 세다. 이빨의 힘도 세다.	사자는 힘이 세다. (중심 문장이 맨 앞)

첫 번째 문장이 중심 문장이고 나머지 문장들은 중심 문장을 뒷받침하는 문장들입니다. 요약할 때는 중심 문장만 남기고 뒷받침 문장은 삭제하면 됩니다. 이때 중심 문장이 맨 앞에 나오기에 두괄식이라 부릅니다.

② 미괄식으로 요약하기

요약 전	요약 후
어깨 힘이 세다. 다리 힘이 세다. 이빨의 힘도 세다. 사자는 힘이 세다.	사자는 힘이 세다. (중심 문장이 맨 뒤)

미괄식은 두괄식과는 반대로 먼저 뒷받침 문장들이 나온 후 그것을 종합하는 중심 문장이 맨 나중에 나오는 구조라고 볼 수 있습니다.

③ 양괄식으로 요약하기

요약 전	요약 후
사자는 힘이 세다. 어깨 힘이 세다. 다리 힘이 세다. 이빨의 힘도 세다. 심지어는 꼬리의 힘도 강하다. 그러므로 사자는 힘이 세다.	사자는 힘이 세다.

양괄식은 두괄식과 미괄식이 함께 나오는 경우입니다. 중심 문장이 맨 앞에 나왔다가 마지막 부분에서 중심 문장을 반복하는 경우를 가

리킵니다. 이때 마지막에 나와 반복하면 중심 문장을 다시 강조하는 효과를 얻게 됩니다.

(2) 글의 구조로 요약하기

① 나열식 구조로 요약하기

글을 전개할 때 중요하다고 생각하는 내용들이 대등하게 나열되는 경우로, 나열식 혹은 병렬식이라고도 합니다. 사자의 특징을 설명하는 다음 글은 사자가 가지고 있는 세 가지 특징을 나열하고 있습니다. 각 문단의 첫 번째 문장이 중심 문장이면서 사자의 특성을 요약해 주는 문장이라고 할 수 있습니다.

요약 전	요약 후
사자의 특징은 다음과 같다. 첫째, 사자는 힘이 세다. 어깨 힘이 세다. 다리 힘이 세다. 이빨의 힘도 세다. 심지어는 꼬리의 힘도 강하다. 둘째, 사자는 포악하다. 동족이더라도 자기의 영역을 침범하는 사자를 가차 없이 공격한다. 셋째, 사자는 아름답다. 사자의 갈기는 윤기가 나고 아름답다. 또 사자는 맑고 아름다운 눈을 가지고 있다.	사자는 힘이 세고, 포악하지만 아름다움도 지니고 있다.

② 원인과 결과 구조로 요약하기

하나의 사건(원인)이 다른 사건(결과)을 일으킬 때 성립하는 관계를 인과 관계라고 합니다. 원인-결과 구조는 시간상 '앞서 일어난 일'인 원인과 시간상 '뒤이어 일어난 일'인 결과 사이의 관련성을 보여 주는 관계 구조를 가리킵니다. 다음에 제시된 글은 전체가 원인과 결과의 관계로 이루어져 있습니다.

공기가 오염되면 산성비가 내린다. 산성비가 내리면 흙과 물이 산성화되어 식물이 자라지 못할 뿐만 아니라 말라 죽기도 하고, 그 정도가 심해지면 물고기가 떼죽음을 당하는 경우도 있다. 또 산성비는 건물의 금속을 녹슬게 하여 많은 피해를 주기도 한다.[1]

위 제시문을 인과 관계에 따라 요약해 보면 다음과 같습니다.

원인		결과
공기가 오염되면		산성비가 내린다.
산성비가 내리면	⇨	흙과 물이 산성화된다.
흙과 물이 산성화되면		식물이 자라지 못하고 말라 죽는다.
		물고기가 떼죽음을 당한다.
		건물의 금속을 녹슬게 하여 많은 피해를 준다.

'이유는', '만약 그렇다면', '그 결과로서', '그러므로', '왜냐하면' 등의 어휘가 드러나면 앞뒤의 내용이 인과 관계를 이룰 가능성이 큽니다.

③ 문제 제시와 해결 구조로 요약하기

문제-해결 구조는 문제를 제기하고, 문제를 해결하는 방식으로 의미 관계를 형성합니다. '문제는', '풀다', '문제-해결' 등의 어휘가 이 구조와 관련이 있습니다.

다음은 ○○구 학생 의회에서 문제 상황을 파악하고 이에 대한 해결 방안을 담아 구청에 보낸 글입니다. 학생 의회에서 지적한 문제와 학생 의회에서 제시한 해결 방안을 파악해 봅시다.

저희 학교 학생의 일부는 멀리서 마을버스를 타고 통학하는데, 버스를 이용할 때마다 승객이 너무 많아서 괴로움이 큽니다. 특히, 아침에는 직장에 출근하는 사람들과 뒤섞여 차에 올라타기조차 힘들 지경입니다. 그래서 아침 등교 시간에는 버스를 늘려 주셨으면 합니다. 아침 출근 시간만이라도 이 통학 버스를 평균 배차 간격인 7분보다 짧게 배차하면 학생들의 통학 여건뿐만 아니라, 직장인들의 통근 여건도 크게 개선될 것입니다.

문제 상황		해결 방안
승객이 너무 많아 힘들다.	⇨	등교 시간에 버스의 배차 간격을 줄여 달라.

(3) 요약하기의 중요성과 효과

요약 능력은 모든 교과 및 교과서 밖에서 홍수처럼 제시되는 정보를 선택하고, 걸러 내며, 가공할 수 있는 기초 능력에 해당합니다. 여러분은 이 기초 능력을 바탕으로 일반화 능력과 표현력 그리고 더 나아가 그것들이 종합된 문제 해결력을 습득할 수 있습니다. 이처럼 '요약 능력'은 읽기와 쓰기의 모든 것이라고 할 수는 없지만 반드시 습득해야 할 기본 능력임에는 분명합니다.

'요약하기'는 단지 주어진 내용을 줄이는 것이 아니라, 주어진 내용을 파악하고 그것을 자신의 언어로 표현하는 데 그 의미가 있습니다. 아울러 긴 글을 짧게 요약하는 과정은 지적인 측면에서는 요약자의 추상화 능력 혹은 일반화 능력이 요구되며, 그것을 자신의 언어로 나타내는 대목에서는 표현력(문장력)을 필요로 합니다. 이처럼 '요약하기'는 내용 파악을 위한 가장 기본적인 읽기 과정이면서도 또한 그것을 넘어서는 해석의 과정과 표현의 과정을 함께 지니고 있다고 볼 수 있습니다. 이런 측면에서 '요약하기'는 지식 습득을 위한 기본적인 절차이면서 동시의 자신이 파악한 정보를 자신의 언어로 가공하여 표현하는 응용의 과정이기도 합니다. 그러므로 '요약하기'는 국어 교과뿐 아니라 정보를 다루는 모든 분야에서 기본적으로 습득하고 있어야 하는 기본 능력에 해당한다고 볼 수 있습니다.

그렇다면 요약하며 글을 읽으면 어떤 점이 좋을까요? 우선 무엇보다도 글의 내용을 이해하고 기억하는 데 도움이 됩니다. 또, 다른 교과를 배우고 익히는 데에 필요한 기본 능력을 키울 수 있습니다. 다른 과목을 공부할 때 요약하기 방법을 적용하면 그 교과서에서 말하고자 하는 핵심 내용을 효과적으로 파악하고 기억하는 데 큰 도움을 받을 수 있을 것입니다.

이것만은 알아 두세요

1. 요약하기의 일반적 원칙

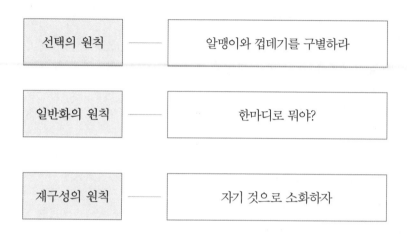

선택의 원칙	——	알맹이와 껍데기를 구별하라
일반화의 원칙	——	한마디로 뭐야?
재구성의 원칙	——	자기 것으로 소화하자

2. 요약하기의 방법

• 반복되는 내용이나 덜 중요한 내용은 삭제

• 예시나 비유 등의 구체적인 진술들은 제외

• 하위 개념은 상위 개념으로 바꾸어 요약문을 작성

풀어 볼까? 문제!

1. 다음 글의 내용을 요약해 봅시다.

요약 전	요약 후
인간은 다른 사람과 관계를 맺으며 살아가는 사회적 존재다. 인간은 다른 사람과 어울려 살아간다. 가족, 친구, 직장, 동우회 등 수많은 형태의 조직이나 관계를 구성하며 살아가는 것이다.	

2. 다음 글의 내용을 주장과 근거를 중심으로 요약해 봅시다.

> 습지의 가장 큰 중요성은 무엇보다도 다양한 생물이 서식할 수 있다는 것이다. 육상과 물에서 사는 생물들이 공존할 뿐만 아니라 고유하고 희귀한 동식물이 서식한다. 미생물 또한 다양하고 독특하다. 습지는 '생물 다양성의 백화점'이라 불릴 만한 생태계다. 또 국경을 넘어 이동하는 철새의 중요한 서식처여서 '람사르 협약'이라는 습지 보호 국제 협약까지 체결되기에 이르렀다.

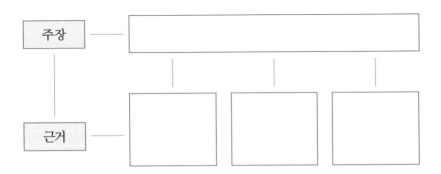

정답

1. 인간은 다른 사람과 관계를 맺으며 살아가는 사회적 존재다.

2. 주장: 다양한 생물이 서식하는 습지는 중요하다.

   근거: 육상, 수상 생물, 희귀 생물이 서식한다. / 미생물이 다양하고 독특하다. / 철새의 중요한 서식처다.

자기 주도적으로 글을 읽어요

자기 주도적인 읽기의 시작-책을 알고 나를 알기

여러분은 학교에서 '자기 주도 학습'이라는 말을 아주 여러 번 들었을 것입니다. '자기 주도성'이란 '자신이 주체적으로 일을 이끌어 나가는 성질'을 가리킵니다. 교육학 사전에서는 자기 주도 학습에 대하여 '학습자 스스로가 학습의 참여 여부에서부터 목표 설정 및 교육 프로그램의 선정과 교육 평가에 이르기까지 교육의 전 과정을 자발적 의사에 따라 선택하고 결정하여 행하게 되는 학습 형태'로 정의하고 있습니다.

그렇다면 '자기 주도적 읽기'란 무엇일까요? 읽기 전반에 걸쳐 읽기에 대한 의지를 가진 채, 주체적으로 읽기 제재를 선정하고, 적절한 전략을 사용하여 읽기 활동을 진행한 후, 자기 평가까지 하는 것을 의미합니다. 곧 스스로 읽기 과정을 주도해 나가는 것이 자기 주도적 읽기라 할 수 있습니다.

중국의 유명한 전쟁 전략가인 손자는 '지피지기백전불패知彼知己百戰不敗'라고 했습니다. '적을 알고 나를 알면, 전쟁에서 절대로 패하지 않는다.'라는 뜻입니다. '지피지기知彼知己면 백전백승百戰百勝'과도 같은 말입니다. 이 말을 책을 읽을 때도 적용할 수 있는데, "적(책)'을 알고 '나(나의 상태)'를 안 상태에서 독서한다면 반드시 성공적으로 책을 읽을 수 있다.'는 뜻이 이 말에 포함되어 있습니다. 지금부터 책을 알고 나를 알아 성공적인 읽기를 해내는 방법을 배워 봅시다.

먼저 책을 알기 위한 첫걸음, SQ3R 전략을 소개합니다. 문해력을 기르는 독서 전략으로 가장 많이 활용되는 SQ3R은 총 다섯 단계로 이루어져 있는데, 자기 주도적 읽기에 활용하기 좋은 전략입니다.

Survey 훑어보기	Question 질문하기	Read 읽기	Recite 암송하기	Review 검토하기
제목, 목차 읽기 등을 통해 내용 예측하기	글을 읽고 스스로에게 질문하기	자세히 읽으며 질문에 대한 답을 찾기	질문을 상기하여 읽은 내용을 다시 회상하고 핵심을 파악하기	질문을 다시 살펴보고, 답을 검토하고 읽은 내용 복습하기

SQ3R 전략의 다섯 단계

'훑어보기' 단계는 일종의 사전 조사 단계라 할 수 있습니다. 읽어야 할 글이나 책, 자료 등을 대략적으로 훑어보면서 표지, 목차, 그림 등을 보고 책의 내용이나 구조를 예측하는 단계입니다. '질문하기' 단계는 읽기 목표와 관련하여 스스로 질문하는 단계입니다. 질문하면서 더욱 주의 깊게 내용을 읽을 수 있을 뿐 아니라, 독자의 이해력 역시 향상될 수 있기에 적절한 질문을 한다는 것은 아주 중요합니다. '읽기' 단계는 앞서 예측하고 질문한 부분에 대한 본격적인 답을 찾는 단계입니다. 글을 자세히 읽으면서 내용의 핵심을 파악할 수 있겠죠? 또한 글에 드러난 정보와 기존에 가지고 있던 배경지식을 서로 연결하며 자신이 던진 질문에 대한 답을 얻을 수도 있습니다. 그런 면에서 '읽기' 단계는 글과 독자의 상호 작용이 가장 활발하게 일어나는 단계입니다.

'암송하기' 단계에서는 자신이 설정한 질문과 관련하여 찾은 답을 소리 내어 암송하거나 메모하는데, 집중해서 읽으면서 주요 내용의 암기가 이루어집니다. 이 단계를 잘 통과하면 글에서 새롭게 찾거나 확인한 정보가 장기 기억에 머물 수 있게 됩니다.

마지막으로 '검토하기' 단계는 '다시 읽기' 단계라고도 하는데, 책의 부분 부분을 다시 읽으면서 질문에 대한 답을 정교화하고, 기억력을 강화하는 단계입니다. 특히 질문을 다시 살펴보고 답을 할 수 있는지 검토하고 여전히 혼란스럽거나 이해되지 않는 점이 있다면 읽은 내용을 다시 살펴보면서 기억을 새로 고치는 작업을 하게 됩니다.[2]

읽기 제재에 대해 훑어보고 읽기 목표와 관련하여 질문을 던지는 것, 내용을 자세히 읽으며 답을 구하고 핵심 정보를 파악하는 것, 그리고 검토를 통해 더욱 정밀한 답을 찾아가는 일련의 과정 안에서 스스로 읽기 과정을 주도해 나가는 자기 주도적 읽기가 시작될 것입니다.

앞서 읽기의 3요소로 '글, 독자의 배경지식, 읽기 맥락'이 있다고 배웠습니다. '독자'는 읽기를 할 때 반드시 고려해야 할 중요한 요소입니다.

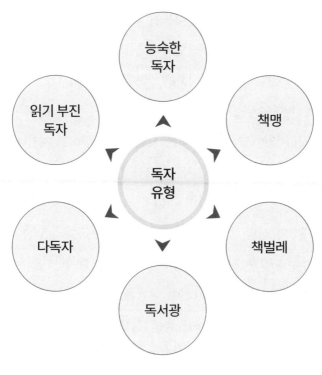

독자의 여러 가지 유형

위의 그림을 보면 독자의 유형이 매우 다양함을 알 수 있습니다. 독서 능력, 독서량, 독서 빈도, 독서 자발성 등의 속성을 참고했을 때 독서 능력이 아주 탁월한 '능숙한 독자'가 있지만 읽기 능력이 현격히 떨어지는 '읽기 부진 독자'도 있습니다. 자기 주도적 읽기에 '자발성 요인'은 아주 중요합니다. 독자가 자발성을 갖추어야 주체적인 독서가 가능해지기 때문입니다. 독서 능력은 어느 정도 있으나 독서 자발성이 전혀 없는 독자는 '문맹'을 연상시키는 '책맹'이라고 합니다. 독서량과 독서 자발성 면에서 아주 뛰어나고, 더불어 독서 능력도 있는 독자는 '다독자', '독서광', '책벌레' 등으로 불립니다. 탐나는 이 세 유형의 독자는 읽기 양이 무척 많습니다.[3] 여러분은 어떤 유형의 독자가 되고 싶나요? 자신의 독서 태도와 습관을 고려하여 자발성을 가지고 독서의 양과 빈도를 늘려 나간다면 독서 능력은 자연스럽게 길러질 것입니다.

책을 알고 나를 알게 되면 '독서 효능감(Reading Self-efficacy)'을 가질 수 있습니다. 독서 효능감이란 읽기 과제를 잘 수행해 낼 수 있다고 믿는 기대와 신념, 자신의 독서 능력에 대한 독자의 믿음을 의미합니다. 독서 효능감은 정서적인 측면에서도 중요하지만 읽기 과정에도 직접적인 영향을 준답니다. 자신에 대한 신뢰가 있어야 적극적으로 과제에 도전할 수 있고, 또 어려움을 극복할 수 있기 때문입니다. 읽기에 있어 책과 나를 바로 알아, 백전백승하는 여러분이 되기를 응원합니다.

자료 찾으며 글 읽기

아마도 이 글을 읽는 친구들은 국어 시간에 '한 학기 한 권 읽기'를 경험했을 것입니다. '한 학기 한 권 읽기'는 우리나라 학생들이 '국제 학업 성취도 평가(PISA)'의 읽기 평가에서 아주 좋은 결과를 받았음에도 정작 읽기에 대한 흥미나 독서량이 적기 때문에 출발한 교육적 처방이라 할 수 있습니다. '한 학기 한 권 읽기'가 좋은 이유는 읽기의 목표를 지식과 정보의 획득에만 두고 그저 내용 발췌로 빠르게

만 읽는 읽기 습관에서 벗어날 수 있기 때문입니다.

실제로 학교 현장에서 '한 학기 한 권 읽기'를 지도해 보면, 정해진 독서 시간에 학생들이 얼마만큼 책에 빠져드는 '몰입 독서(Engaged reading)'를 할 수 있는지, 책 내용에 깊이 있게 공감하고 내용을 내면화하는 '깊이 읽기(Deep reading)'를 하고 있는지 새삼 확인하게 됩니다. 몰입 독서와 깊이 읽기가 가능한 이유는 일률적인 읽기 제재가 아닌 본인이 읽고 싶은 책을 직접 찾아 읽을 수 있기 때문입니다. '한 학기 한 권 읽기'의 출발은 스스로가 적절한 책을 선정하면서 시작됩니다.

그렇다면 이번에는 자료를 찾으며 글 읽는 방법을 배워 보도록 합시다.

(1) 적절한 책을 선정해요

스스로 적절한 책을 선택하는 것은 포기하지 않고 지속적인 독서를 하게 한다는 점에서 아주 중요합니다. 먼저 자신이 책을 읽어야 하는 목적을 점검해 보세요. 학업을 위한 것인지, 교양과 상식을 넓히기 위해서인지, 문제를 해결하기 위한 것인지, 즐거움을 위한 독서인지를 고려하고 무엇보다 자신에게 맞는 책인지를 점검해야 합니다. 이때 '북매치(BOOKMATCH)' 전략을 활용하면 좋습니다.

'B'는 '책의 길이(Book length)'에서 따 온 것으로 책의 분량을 의미합니다. 과연 읽을 만한 수준의 책 길이인가, 너무 길지도, 짧지도 않은 적절한 분량인가를 확인하는 것은 책을 선택하는 데 가장 기본이라 할 수 있습니다. 'O'는 '일상 언어(Ordinary language)', 곧 일상적 언어를 구사하는가에 대한 것입니다. 아무 쪽이나 펴서 읽었을 때, 내가 어렵지 않게 읽을 수 있는 언어를 사용했는지, 의미를 이해하는 데 어려움이 없는지 역시 중요합니다. 사용하는 언어가 너무 어렵다면 원활한 읽기 활동이 불가능하기 때문입니다. 두 번째 'O'는 '글의 구조(Organization)'를 의미합니다. 책이 어떻게 구조화되어 있는가, 책 전체나 각 부분은 알맞게 구성되어 있는가, 문단과 문장은 적절하게 구조화되어 있는가를 파악하는 것입니다. 사람에게도 뼈대, 즉 골격이 인체의 가장 기본인 것처럼, 글의 골격은 가장 기본적인 틀로 글에 대한 이해는 구조화로부터 시작됩니다. 'K'는 '책에 대한 선행 지식(Knowledge prior to book)'입니다. 우리말로 하면 책에 대해 이미 가지고 있는 지식 정도로 풀이할 수 있습니다. 제목이나 표지 등을 살펴보았을 때 '이미 알고 있는 내용이 있는가' 역시 읽기에 제법 큰 영향을 미칩니다. 책의 저자, 내용과 주제 등에 대하여 사전적인 정보가 있는가에 따라 읽기 활동은 크게 영향을 받게 됩니다.

'M'은 '다룰 만한 텍스트(Manageable text)', 곧 감당할 만한 텍스트인가를 판단해 보는 것입니다. 읽기 자료들이 전체적으로 소화 가능한지, 읽어야 하는 부분들을 잘 이해할 수 있는지를 고려하면 자신의 수준에 적정한 책을 고를 수 있습니다. 'A'는 '장르에 대한 매력(Appeal to genre)'으로 장르(갈래)의 성격이 자신에게 매력적인가, 전에 읽은 동일하거나 유사한 장르의 글이 있었다면 그것이 나에게 매력적이었는가를 생각하면 좋습니다. 읽기는 개인의 취향과 선호도와 밀접한 관계를 맺고 있기 때문입니다. 'T'는 '주제의 적합성(Topic appropriateness)'을 뜻합니다. 책의 주제는 청소년들이 가장 중요하게 여기는 요소라고 합니다. 이 책의 주제가 거리낌 없이 받아들여질 수 있는가, 이러한 주제에 대하여 수용할 수 있는가를 고려할 때 읽기에 막힘이 없어집니다. 'C'는 '연관(Connection)', 연결 혹은 연관을 뜻합니다. 이 책의 내용을 나의 삶에 적용할 수 있는가, 이 책과 연관 지을 수 있는 것을 떠올릴 수 있는가 등을 고려하면 더욱 애착이 있는 읽기를 할 수 있답니다. 'H'는 '높은 흥미(High interest)', 곧 흥미도를 의미합니다. 책에 대하여, 혹은 저자나 책의 주제에 대하여 갖는 흥미를 점검하는 겁니다.

이 아홉 가지 요소를 고려하면 '독서 흥미'가 자연스럽게 올라가게 될 것입니다. 그럼, 이 요소들을 활용해서 나에게 맞는 책을 골라 볼까요?

도서 선정 요소	도서 선정 기준
책의 길이	책의 분량이 적절한가
일상 언어	자연스럽게 읽을 정도로 친숙한 언어를 사용하는가
글의 구조	책의 전체나 각 부분이 적당하게 구성되어 있는가
책에 대한 선행 지식	책의 저자, 내용과 주제에 대하여 알고 있는 부분이 있는가
다룰 만한 텍스트	읽고 있는 부분을 이해할 수 있는가
장르에 대한 매력	좋아할 만한 장르, 혹은 글의 유형인가
주제의 적합성	주제에 대하여 수용할 수 있는가
연관	책의 내용을 삶에 적용할 수 있는가
높은 흥미	이 책의 주제에 흥미가 있는가

(2) 자료를 찾으며 글을 읽어요

혹시 좋아하는 아이돌 그룹이 있나요? 좋아하는 배우나 아이돌 그룹이 생기면 처음에는 출연 작품이나 음악, 방송 출연 영상을 찾아보게 됩니다. 이에 그치지 않고, 혹시나 광고를 찍은 것은 없는지, 팬 미팅이나 공연 일정은 어떻게 되는지를 검색해 보기도 하고 포토 카드를 구매하는 친구들도 있을 것입니다. 누가 시키지 않아도 즐거워하며 스스로 움직였을 겁니다. 그렇다면 여러분은 도서관이나 인터넷에서 관련 자료를 찾아 참고하면서 글을 읽어 본 적이 있나요?

'자기 선택적 독서'란 자신이 읽고 싶은 책을 스스로 선정하는 선택성과 읽기 과정의 자율성을 기본으로 합니다. 자신의 관심 진로 분야에 대해서 도서관이나 인터넷 등을 활용하여 적합한 도서나 자료를 탐색하는 것은 연예인에 대한 자료를 수집하는 것만큼이나 즐거운 과정이 될 수 있습니다. 자신에게 꼭 맞는 책을 찾는다면 다른 책들을 읽을 때와는 달리 동기 부여도 훨씬 잘될 것입니다.

'진로 독서'란 진로를 돕기 위한 독서(Reading for career)를 의미합니다. 세상에는 수많은 직업이 있고, 사실상 직업인들을 실제로 만난다는 것은 쉬운 일은 아닙니다. 책은 여러분과 직업인을 이어 주는 징검다리 역할을 합니다. 직접 직업 현장을 방문하지 않아도 책을 통해 수많은 직업에 종사하는 사람들이 자신의 이야기를 서술한 내용을 간접적으로나마 만나 볼 수 있습니다. 희망하는 진로가 있는 친구들은 직업 키워드로 검색하여 관련 도서들을 찾아 읽을 수도 있고, 아직 진로에 대해 명확한 확신이 없는 친구들은 독서를 통해 자신이 흥미로워하는 부분, 가치관 등을 발견할 수 있습니다. 그래서 진로 독서 일지 쓰기를 추천합니다. 진로 독서 일지에는 책으로부터 발견한 해당 직업이 하는 일, 직업에 대해 새롭게 알게 된 점, 직업의 장단점, 직업을 이루기 위한 준비 과정 등을 기록하면 됩니다. 진로 독서 일지의 내용이 쌓일수록 직업에 대해 많은 정보를 얻을 수도 있지만, 무엇보다 자신이 무엇에 관심이 있고 무엇을 가치 있게 여기는지 알 수 있게 됩니다.

긴 글을 읽다 보면 낯선 용어나 개념을 만나게 됩니다. 만약 어휘가 어려운 경우에는 주머니 속 휴대폰으로 사전을 검색해 보는 것을 추천합니다. 국립국어원(https://korean.go.kr/)의 표준국어대사전을 활용하면 어휘의 개념과 발음, 용례에 이르기까지 아주 정확한 정보를 얻을 수 있습니다.

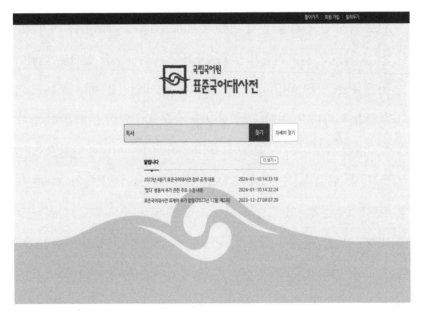

국립국어원 표준국어대사전 화면

개념을 이해하기 어렵다면 백과사전을 찾을 수 있습니다. 종이로 된 백과사전도 좋지만, 요즘에는 찾아보기가 어려워졌죠. 그럴 때는 백과사전 플랫폼(https://100.daum.net/, https://terms.naver.com/)을 활용하면 더욱 폭넓은 정보를 열람할 수 있습니다. 예를 들어 '독서'라는 키워드를 백과사전에서 검색했을 때, 한국 민족 문화 대백과 사전의 정의, 국어 용어 사전의 정의, 시사 상식 사전의 정의 등을 한눈에 볼 수 있어서 좋습니다.

백과	🔍	카테고리	추천백과

항목 3,075건　　**저자** 0건　　**출처** 0건　　**멀티미디어** 66건　　**연감** 0건

독서 讀書

심신을 수양하고 교양을 넓히기 위하여 책을 읽는 행위. [한국의 독서문화] 우리나라 사람들은 일찍이 문화와 예술을 사랑하였다. 집을 나가서는 천하의 뜻 있는 벗들과 사귀고, 집에 들어와서는 옛 성현들의 책을 읽는 것을 미덕으로 여겨왔다.

유형 : 개념　│　분야 : 문학/한문학

독서 책 읽기, 讀書

책을 읽는 행위. 독서란 책을 통해 지식과 정보를 얻고 인간관계의 이해를 도우며 사물에 대한 사고의 틀을 넓혀주는 활동이다.

백과　│　언어 일반, 취미

인터넷 백과사전 화면

이외에도 참고 서적을 활용하는 방법도 있습니다. 내용이나 주제와 관련된 책을 찾아 읽는 연계 독서는 읽기 과정 중에 만나는 어려움을 극복할 수 있는 아주 좋은 방법입니다.

(3) 읽기 경험을 공유해요

책은 여러분에게 깨달음과 깨우침을 주는 좋은 선생님이 될 수 있습니다. 책을 읽는 행위 자체도 중요하지만 독후 활동 또한 아주 중요합니다. 한 가지 추천하고 싶은 것이 읽기 경험을 공유하는 것입니다. 혼자 읽는 것도 좋지만, 여럿이서 함께 읽는 경우 책의 내용뿐만 아니라 책 속에 담긴 세계관과 가치관도 함께 배워 나가는 계기가 되기 때문에 아주 유익합니다.

책에 대해 함께 이야기를 나누니 혼자 읽을 때보다 책의 내용을 더 꼼꼼하게 읽는 정독이 가능해지고, 이야기를 나누며 생각을 다른 사람과 비교해 볼 수 있어 내용을 새롭게 바라볼 수 있게 됩니다. 또한 자연스럽게 말하기 훈련이 되므로 표현력도 좋아질 수 있습니다. 어떤 경우에는 상대방을 설득해야 할 때도 있을 것입니다. 설득을 목적으로 하는 글 읽기 단원에서 배웠지만, 설득을 잘하기 위해서는 타당한 근거와 논리적 이유를 갖추는 것이 중요합니다. 내용을 채워 나가는 과정에서 논리적 사고력과 문제 해결력도 키워집니다. 혼자 읽기보다 지식과 정보의 양이 풍부해지면 무엇보다 이를 조합해서 새로운 아이디어를 창출해 내는 창의력도 키울 수 있습니다. 이처럼 읽기 경험의 공유는 여러모로 장점이 많은 활동이라 할 수 있습니다.

자기 주도적으로 읽기

우리는 지금까지 자기 주도적으로 글 읽는 방법에 대해 배워 보았습니다. 자기 주도적 읽기란, 글을 읽을 때, 자발성과 자율성을 토대로 주체적인 선택과 추진을 하는 과정이었습니다. 이러한 읽기가 시작되면 글을 있는 그대로 받아들이는 것이 아닌, 글의 내용을 생각에 따라 적절하게 재조직하기도 하고, 문제점을 찾을 수 있으며, 글쓴이의 생각에 대한 대안을 찾을 수도 있게 됩니다.

모든 글에는 글쓴이의 목적과 의도가 담겨 있지만, 그렇다고 글의 의미가 하나로 고정된 것은 아닙니다. 읽는 행위에는 독자의 경험과 가치관, 신념 그리고 기존에 가지고 있었던 지식이 총체적으로 영향을 미치지요. 그리고 독자는 이러한 영향 관계 속에서 자신만의 의미를 구성해 나가게 됩니다. 여러분도 글을 읽으면서 여러 가지 생각을 하게 될 것입니다. 일례로 신문 기사를 읽을 때 기사문의 사실 정보를 수용하기도 하지만, 기사문 속에 드러난 현실에 대해 문제를 느끼기도 합니다. 혹시 이런 경우에 답답함을 느끼며 잠시나마 대안을 생각해 본 적이 있다면 여러분은 이미 글을 자기 주도적이고 능동적으로 읽는 자세를 갖추었다고 볼 수 있습니다. 글에 쓰인 내용에 대해 독자가 일방적으로 수용하는 것이 아니라 논리적으로 재구성하고, 또 문제를 해결하는 방법을 떠올리며 읽는 것이 바로 글을 능동적이고 주체적으로 읽는 것이라 할 수 있습니다.

　자기 주도적 읽기, 혹은 능동적 읽기는 글쓴이의 생각을 파악하고 수용하는 것이 아닌 자신만의 독창적인 의미를 구성한다는 점에서 아주 수준 높은 읽기 활동입니다. 다음에 제시하는 절차에 따라 예시문 ①을능동적으로 읽어 볼까요?

예시문 ①

　AI는 Artificial Intelligence의 약자로 인간의 지적 능력을 컴퓨터로 구현한 과학 기술이다. 최근 발전에 발전을 거듭해 온 AI는 어느새 인간의 직업을 대체할 수도 있는 수준에 이르게 되었다. 특히 AI로 많이 대체될 것이라 예측되는 경영, 경제, 통계, 회계, 세무 등의 상경계 업무는 대부분 전문화된 지식을 필요로 한다. 이러한 직종의 업무들을 AI가 대체하는 것이 가능할까?

　AI는 초반에는 단순 반복 작업에 능한 것으로 알려졌으나, 현재는 기술의 발전으로 강화 학습(Reinforcement Learning)과 자기 지도 학습(Self-Supervised Learning) 등도 가능해지게 되었으며 심지어 인간의 추론 능력까지 가진 AI도 개발 중이라고 한다. 즉 단순한 서류 정리, 차트를 그리거나 수치를 계산하는 등의 일뿐만 아니라 그것보다 훨씬 더 전문화된 작업들까지도 AI로 대체될 가능성이 매우 높다는 분석이 가능한 것이다.

　특히 사용하면 할수록 데이터가 계속해서 쌓이는 AI 특유의 머신

러닝(Machine learning) 기술은 데이터 수집 면에서 인간보다 훨씬 더 빠른 속도의 수집이 가능하며, 인간보다 더 정교하게 데이터를 응용하는 것 역시 충분히 가능하다. 게다가 가끔씩 실수를 하는 경우가 있는 인간과는 다르게, AI는 인간처럼 실수할 일이 월등히 적으며, 하루 종일 사무 작업을 시켰을 때 쉽게 지치는 인간과는 다르게 AI는 같은 시간의 노동을 하더라도 지치지 않는 점도 장점으로 작용한다.

곧, 기업 입장에서 AI는 인간을 고용하는 것보다 훨씬 더 적은 비용을 사용하면서 훨씬 더 효율적으로 작업을 완수하는 것이 가능하므로 AI를 쓰지 않을 이유는 없다. 따라서 기업 업무의 전체는 아니더라도, 상경계 업무의 많은 부분은 AI 대체가 불가피할 것으로 예측된다.

(1) 글의 내용을 재조직하여 생각을 논리적으로 구성해요

글의 내용을 재조직하고 생각을 논리적으로 구성한다는 것이 다소 어렵게 느껴질 것입니다. 글의 내용을 재조직한다는 것은 글을 읽을 때 글의 소재와 주제, 내용 전개 등을 꼼꼼히 살펴보고 내용을 여러분이 보기에 가장 효과적인 방식으로 다시 구성하는 것을 의미합니다. 생각을 논리적으로 구성한다는 것 역시 아주 새롭거나 완성된 내용을 만드는 것이 아니라 기존의 생각을 그대로 답습하지 않고, 재조직한 내용을 바탕으로 여러분만의 관점에서 구성하는 것을 의미합니다.

독서는 필자의 생각이 책을 통해 독자에게 일방적으로 전해지는 단선적 활동이 아닙니다. 여러분은 글을 읽으면서 동의하기도 하고, 때로는 고개를 갸우뚱하기도 할 것입니다. 그리고 저마다 다른 이해와 해석을 할 것입니다. 글을 읽을 때, 필자의 생각을 흡수하는 것도 중요하지만 필자의 생각에 자기 생각을 덧붙이거나 자신의 언어로 글의 내용을 재조직하는 활동도 매우 중요합니다.

앞의 예시문 ①은 한 고등학생이 쓴 글입니다. 경영, 경제, 통계, 회계, 세무 등의 상경계로 범위를 좁혀 AI가 상경 계열의 인력을 대체할 수 있는가에 대한 의견을 서술하고 있습니다. AI의 강화 학습과 자기 지도 학습 등 자료 수집도 열심히 했군요. 글은 AI가 단순 작업뿐만 아니라 고도로 발전된 기술로 전문적인 작업까지도 할 수 있다는 점, 인간에 비해 데이터의 수집과 응용 능력이 뛰어나며, 실수나 에너지 소진 면에서도 인간보다 장점이 많다는 점을 들어 AI가 인간의 직업을 대체할 것이라고 전망하고 있습니다.

다음은 은규 학생의 정리 노트입니다. 이와 같이 자신만의 정리 노트를 만들면 글을 한눈에 볼 수 있다는 장점이 있습니다. 은규는 글의 내용을 수용하고 글쓴이의 생각도 긍정하지만, AI가 장점만을 가졌는지에 대해 자신의 의문을 덧붙이고 있습니다. 이처럼 은규는 자신의 배경지식을 활용하면서 글의 정보를 재구성하고, 글의 화제, 주제 등을 살펴보며 자신만의 고유한 생각을 다져 가고 있습니다.

✎ 은규의 정리 노트 – 첫 번째 페이지

1. 처음: AI가 인간의 직업을 대체할 수 있을까?

2. 중간 1: 현재 AI는 단순 작업뿐 아니라 전문화된 작업도 할 수 있는 수준임.

3. 중간 2: AI는 데이터의 수집, 응용 면에서 인간보다 탁월함.

4. 중간 3: AI는 인간과 달리 실수할 확률이 적고, 노동에 지치지 않음.

5. 끝: 고용주의 입장에서 저비용, 고효율인 AI를 쓰지 않을 이유가 없으므로 AI의 인간 직업 대체는 불가피함.

이 글은 AI의 발전 상황과 장점을 일목요연하게 정리하고 있네.

AI는 여러모로 장점이 많구나.

그런데 AI는 장점만을 가졌을까?

(2) 글에 드러난 문제를 해결하는 방법을 생각해요

독서에는 다양한 목적이 있습니다. 지식 습득을 위해, 혹은 생각의 성장을 위해, 또 재미와 즐거움을 위해서도 독서를 합니다. 여기에 빼놓을 수 없는 한 가지 목표가 문제의 해결입니다. 우리는 삶에서 여러 가지 문제 상황을 겪게 되는데, 혼자서 해결하기 어려운 문제가 있는 경우, 책으로부터 문제 해결의 실마리를 얻을 수 있습니다. 그렇기에 문제 해결에 도움이 되는 책을 적극적으로 찾아 읽게 되는 것입니다. 일상에서 겪는 문제의 답을 책에서 찾으려는 노력, 그리고 책으로부터 알게 된 지식과 지혜를 삶에 적용하는 태도는 삶을 풍성하게 만듭니다. 그리고 조금 더 능숙한 독자가 된다면 반대로 책에서 제시하는 문제 해결의 단서가 적절한지, 해결 방안으로 제시된 바가 실현 가능성이 있고 타당한지 평가할 수도 있습니다.

제시문으로 돌아가 보겠습니다. 정리 노트에서 확인할 수 있듯 은규는 글을 자신의 언어로 재구성하는 과정에서 글이 AI의 장점 위주로만 서술되었다는 것을 발견했습니다. 그렇다면 글에 언급되지 않은 점도 함께 생각하고 찾아보게 될 것입니다. AI가 인간보다 훨씬 더 뛰어난 장점이 있지만, AI는 완벽하게 사무직을 대체할 수는 없다는 의견 역시 팽팽한 대립각을 세우고 있습니다. AI가 조세 관련 업무는 빠른 속도로 문제없이 처리해 낼 수 있지만, 사실 세무 분야의 전문직인 세무사는 단순히 세금에 대해서만 관리하는 것이 아니라 사람 대 사람으로서 기업인, 자영업자들의 세금에 대해서 상담해 주는 일 역시 함께 하고 있습니다. 대화형 챗봇이 등장하기는 했지만, 아직까지 AI는 사람끼리 직접 대면하는 것만큼 섬세함을 갖추지 못한 것으로 평가받고 있습니다. 또한 법 분야는 정형화되어 있지 않기 때문에 애매모호하고 극도로 고도화된 세법은 AI가 따라잡지 못한다는 견해도 있습니다. 충분한 자료 조사를 통해 은규는 제시문이 이러한 점을 간과하고 있다는 것을 알게 되었습니다. 창의적 읽기를 하는 은규는 글의 입장을 그대로 수용하지 않을 것입니다. 은규의 읽기 실력이 어떤가요? 이처럼 은규는 글 속에 나타난 필자의 시각, 주장과 주제에 대하여 새로운 측면에서 접근해 봄으로써 자신의 생각을 구성할 수 있는 독창적인 읽기를 하고 있다고 볼 수 있습니다.

✏ 은규의 정리 노트 – 두 번째 페이지

AI는 장점만 있는지 다시 생각해 볼 필요가 있어.
글에 제시된 분야 중 세무 쪽을 알아보자.

1. 세무 분야 전문직인 세무사는 조세 업무뿐만 아니라 기업인과 자영업자들의 세금에 대해서 상담해 주는 일도 병행함.
2. 대화형 챗봇이 등장하기는 했지만, 고객과의 '라포(친근감 및 신뢰감)' 형성이 어렵고 상담 기술 역시 현재 수준으로는 세무사를 대체할 수 없음.
3. 법 분야는 정형화되어 있지 않고, 개별적인 특수성이 많아 세법에 관한 부분은 AI가 오독할 가능성이 있음.

제시문의 의견을 100% 받아들이기는 어렵겠네.
그렇다면 내 생각을 정리해야지.

(3) 글쓴이 생각의 대안을 찾으며 능동적으로 읽어요

글에 나타난 글쓴이의 생각이나 주장이 반드시 옳은 것은 아니기 때문에 미흡하고 부족한 생각을 수정하고 보완해서 읽는 태도가 필요합니다. 글에 나타난 관점, 가치관에 대하여 있는 그대로 수용하지 않고 새로운 관점으로 볼 필요가 있습니다.

제시문에서 문제점을 발견한 은규는 전문가들의 견해를 참고하여 글의 대안을 찾습니다. AI의 장점만을 언급한 제시문과는 달리, 은규는 자료 찾으며 읽기를 통해 현 상황에서 AI가 완벽하게 사무직을 대체할 수는 없다는 의견을 확인합니다. 물론 AI가 아무 역할도 하지 못한다는 의미는 아니지만 AI는 단순 업무와 데이터 처리 관련 업무를 하고, 전문화된 심화 업무는 인간이 할 것으로 예측된다는 것이죠. 이어서 은규는 미래 사회는 AI와 사무직 일자리의 공존이 중요한 테마가 될 거라는 깨달음을 얻습니다. 예전에는 직업의 역량을 판단하는 방법이 전공 분야에 대한 지식과 성실성을 기반으로 하였다면, 앞으로는 AI 프로그램의 활용 능력과 유연한 사고, 그에 따른 작업의 효율성이 기반이 될 것이라는 대안 역시 발견하게 됩니다. 곧 은규는 대안으로부터 AI는 사무직을 완전히 대체할 수 없지만, AI 기술을 잘 다룰 수 있는 사람이 AI를 다루지 못하는 사람보다 경쟁력이 더 높기에 앞으로의 사무직 전망은 AI에 대한 지식에 크게 영향을 받게 될 것이라는 자신만의 결론에 도달하게 됩니다.

여러분은 글이 글쓴이만의 전유물이라고 생각한 적이 있을 것입니다. 아무리 유능한 필자라 하더라도 생각의 오류나 부족한 부분은 있을 수 있습니다. 은규처럼 자신만의 독창적 생각으로 글을 재조직하고 발상의 전환을 통해 문제점을 해결하려고 자발적으로 노력하는 것, 나아가 글쓴이의 생각에 대해 보완하고 대안을 생각하는 일은 얼마간의 노력이 필요하기도 하지만 그만큼 읽기 능력 성장에 의미 있는 과정임을 기억하면 좋겠습니다

✏ 은규의 정리 노트 – 세 번째 페이지

AI 전문가들의 견해를 보면, 앞으로의 방향성을 짐작할 수 있네.
글의 대안을 찾아서 정리해야겠어.

1. 전문가들은 AI는 단순 업무와 데이터 처리 관련 업무를 하고, 전문화된 심화 업무는 인간이 할 것으로 예측함. → 곧, 앞으로는 AI와 사무직 일자리의 공존이 중요한 테마가 될 것임.
2. 지금까지 직업의 역량을 판단하는 방법이 전공 분야에 대한 지식과 성실성을 기반으로 하였다면, 앞으로는 AI 프로그램의 활용 능력과 유연한 사고, 그에 따른 작업의 효율성을 기반으로 하게 될 것임.

글쓴이 생각의 대안을 찾고 수정, 보완하여 읽으니
나만의 창의적인 관점이 생긴 것 같아.

이것만은 알아 두세요

Survey
훑어보기

제목, 목차 읽기
등을 통해 내용
예측하기

Question
질문하기

글을 읽고
스스로에게
질문하기

Read
읽기

자세히 읽으며
질문에 대한
답을 찾기

Recite
암송하기

질문을 상기하여
읽은 내용을 다시
회상하고 핵심을
파악하기

Review
검토하기

질문을 다시
살펴보고, 답을
검토하고 읽은
내용 복습하기

풀어 볼까? 문제!

1. 다음에 제시하는 내용은 어떤 읽기 방법을 가리키는 것일까요?

> 읽기 전반에 걸쳐 읽기에 대한 의지를 가지고 주체적으로 읽기 제재를 선정하
> 고, 적절한 전략을 사용하여 읽기 활동을 진행한 후, 자기 평가까지 하는 읽기
> 방법

2. 자신이 읽기 과제를 잘 수행해 낼 수 있다고 믿는 기대와 신념, 곧 자신의 독서 능력에 대한 믿음을 일컫는 용어는 무엇일까요?

3. 책을 고를 때 책의 길이, 글의 구조, 장르에 대한 매력 등을 고려하면 자신의 독해 수준에 적합하고 흥미로운 책을 선정할 수 있습니다. 이에 대한 전략을 무엇이라고 할까요?

정답

1. 자기 주도적 읽기(독서)

2. 독서 효능감

3. 북매치 전략

Part 3. **읽기 한 걸음 더!**

메타인지를 활용하여 읽어요

읽기를 생활화해요

> 언니, 요즘에 유튜브를 줄이고 책을 조금씩 읽기 시작했더니 어느새 나 책벌레가 된 것 같아.

하영 언니

책벌레라니, 우리 하진이 벌레 중에 가장 좋은 벌레가 되었구나.ㅋㅋㅋ

맞아. 요즘에 하진이가 스마트폰을 보는 시간이 부쩍 줄어든 것 같아. 내 동생 훌륭하다!

> 고마워, 언니. 그런데 책 한 권을 읽으면 내가 내용을 얼마나 이해했는지 감이 잘 안 와. 분명 100% 이해한 건 아닌 것 같은데. 어려운 부분은 사실 잘 기억이 안 나기도 해.

하영 언니

책의 내용을 100% 이해한다는 건 굉장히 어려운 일이야. 하지만 책을 읽으면서 내가 아는 것과 알지 못하는 것을 판단하는 것도 아주 능숙한 독자들이 하는 행위인데, 우리 하진이 벌써 이렇게 컸구나!

책 좋아하는 언니 덕분이지 뭐♡ 근데 누구나 읽기 활동을 하면서 얼마나 이해가 되는지, 모르는 부분은 없는지 생각하고 대책을 세우는 거 아냐?

하영 언니

그걸 '메타인지'라고 하는 기야. 히진이 글자 읽기 시작한 게 엊그제 같은데, 세월 참 빠르다. ㅎㅎ

하진아, 우리 하진이가 읽기를 좋아하는 사람이 되었으니, 이제 독서 관련 활동을 해 보는 게 어때?

독서 관련 활동에는 어떤 것들이 있어? 언니, 나 엠비티아이(MBTI) I형이야. 여러 사람이랑 활동하는 것 별로 안 좋아한다고! ㅜㅜ

하영 언니

알지, 알지. 내 동생 수줍음 많은 것ㅎㅎ 꼭 사람들과 하는 외부 활동 말고도 독서 일지를 쓰거나 서평을 하는 활동은 혼자서도 할 수 있어.

우리 수줍은 하진 씨 나랑 둘이서만 책을 읽고 내용을 나눠 보는 것도 좋고. 그건 괜찮지?

오 그건 좋지! 엄마, 아빠도 책을 좋아하시니 우리 가족끼리 하는 것도 괜찮을 것 같아.

 하영 언니

좋은 생각이야!

독서 일지나 서평을 쓰거나 소그룹으로 독서 모임을 하는 것은 독서 활동의 장점을 극대화하고 평생 독자로 나아가게 만들어 주는 디딤돌이 된단다.

평생 독자? 평생 독서를 하는 독자를 평생 독자라고 하는 거지?

할머니가 되어도 책을 들고 있으면 너무 멋있겠다, 언니.

메타인지를 활용하여 읽어요

중학생인 은호는 야구 선수를 꿈꾸고 있습니다. 날마다 연습하는 모습을 휴대폰으로 촬영해서 자신의 모습을 모니터링합니다. 포지션이 타자인 은호는 날아오는 공의 방향, 속도에 따라 배팅을 다르게 하고, 좋은 배팅이 될 때의 상황을 기록하고 분석합니다.

위의 글에는 야구 선수를 꿈꾸는 은호의 노력이 담겨 있습니다. 은호는 운동하는 자기 모습을 모니터링하며 적절한 전략을 짜고, 상황을 소설하기도 합니다. 은호가 하는 인지 활동을 '메타인지(Metacognition)'라고 부릅니다. 메타인지는 운동뿐만 아니라 읽기와 학습, 나아가 생활 전반에 이르기까지 적용되는 인지 처리 방식입니다. 이번 장에서는 '메타인지'에 대해 배우고, 생각에 관한 생각을 능숙하게 할 줄 아는 독자가 되어 봅시다.

내가 아는 것과 알지 못하는 것을 분별하는 힘, 메타인지

'상위인지', 혹은 '초인지'라고도 불리는 '메타인지'는 읽기 과정에 관한 관심이 대두되면서 연구가 활발해진 분야입니다. 개념 정의도 아주 다양한데, 브라운(Ann L. Brown)은 '아는 것과 그 앎에 대하여 아는지를 아는 것'으로, 플라벨(John H. Flavell)은 '인지에 대한 지식과 인지적 조절'로 정의했습니다. 사전적 정의는 '자신의 인지 과정에 대하여 한 차원 높은 관점에서 관찰, 발견, 통제하는 정신 작용'입니다. 조금 어렵게 느껴지나요? 그러면 조금 더 쉽게 접근해 봅시다. '메타(meta)'가 접두사로 쓰이면 '더 높은', '초월하는'의 의미를 갖습니다. '코그니션(cognition)'은 인식, 인지로 해석할 수 있습니다. 따라서 메타인지란 '일반적인 인지를 넘어선 차원의 인지'를 가리키는 용어라 할 수 있습니다.

이를 읽기에 적용해 봅시다. 글을 읽다가 어려운 단어가 나왔을 때, 휴대폰을 활용해서 단어를 검색한 적이 있을 것입니다. 혹은 이해가 되지 않는 부분이 생기면 친구들이나 선생님께 질문하면서 답을 찾기 위해 노력한 적도 있을 것입니다. 비록 메타인지라는 용어를 잘 알지 못했을지라도, 이러한 경험이 있다면 여러분은 스스로 자신이 알고 있는 바를 점검하고 조절하는 작업을 해 왔던 것입니다.

무엇인가를 알아 가는 과정만으로도 벅찬데, 내가 아는 것이 무엇인지 아는 메타인지까지 필요한 이유는 무엇일까요? 내가 무엇을 알고 무엇을 모르는지 인지하게 되면, 다음 단계로 넘어가기 전에 모르는 부분을 해결할 수 있기 때문입니다. 모르는 부분을 해결하는 과정에서 알고 있는 부분은 더욱 명확해지고, 해당 정보가 짧은 기간 동안 정보를 보유하는 단기 기억에서 더 많은 정보를 더 오랫동안 보유할 수 있는 장기 기억으로 전환될 가능성 역시 커지게 됩니다. 단기 기억이 장기 기억으로 전환되는 과정을 '기억 형성'이라고 하는데, 기억해야 하는 정보들을 오래 기억할 수 있다면 학습에도 큰 도움이 되겠지요?

메타인지에는 크게 두 요소가 있습니다. 첫 번째는 자기 평가 능력, 두 번째는 자기 조절 능력입니다. 자기 평가 능력이 자신을 모니터링(monitoring)해서 자신을 객관적으로 볼 수 있게 하는 능력이라면, 자기 조절 능력은 스스로 계획을 세우고 실천하며 자신을 조절(control)하는 능력을 의미합니다.[4] 자신의 상황과 이해 정도를 객관적으로 안다면 제대로 된 전략을 세울 수 있고, 전략을 수행하는 과정에서 단점을 보완하고 장점을 극대화할 수 있는 것입니다.

읽기 활동에도 메타인지는 매우 중요한 역할을 합니다. 자신의 읽기 목적, 읽어야 하는 글의 성격, 주변의 상황 등을 고려하여 읽기 전략을 세운 후 읽기 과정을 조절하고 통제할 때, 훨씬 더 성공적인 읽기 결과를 가져올 수 있기 때문입니다. 그럼, 메타인지를 활용하여 읽기 과정을 어떻게 점검하고 조정할 수 있는지 배워 보도록 합시다.

읽기 과정 점검, 조정하기

패션 용어 중에 '티피오(TPO)'라는 말은 여러분도 한 번쯤은 들어 보았을 것입니다. 'T'는 '시간(Time)', 'P'는 '장소(Place)', 'O'는 '상황(Occasion)'을 의미하는데, 시간과 장소, 상황에 따라 알맞은 의복을 착용하는 것을 강조할 때 쓰는 용어입니다. 여러분도 학교에 갈 때는 교복을 입고, 운동을 할 때는 운동복을 입을 것입니다. 크게 의식하지 않고도 찬바람이 불면 두꺼운 소재의 옷을 꺼내고, 비가 온다는 것을 알았을 때는 옷이 비에 많이 젖지 않도록 간편한 차림의 옷을 준비하기도 합니다. 이 모두가 여러분이 주체적으로 옷 입는 과정을 점검하고 조정하는 것입니다. 이러한 행위에 어려움을 느꼈나요? 아니죠? 아주 자연스럽게 상황에 맞는 결정을 했을 것입니다. 읽기도 마찬가지랍니다. 익숙해지면 어려울 게 없습니다.

능동적인 독자일수록 읽기 활동을 할 때, 자기 점검과 자기 조절을 잘한다고 합니다. 단순히 지면에 적힌 활자를 읽어 내는 것만을 읽기라고 생각했나요? 그건 아닙니다. 먼저 '해독'과 '독해'의 차이를 보겠습니다. 해독이 표면적으로 문자를 읽을 수 있다는 것만을 의미한다면, 독해는 주제나 생략된 정보들이 무엇을 의미하는지, 글 전체의 내용이 무엇을 말하고자 하는지 등 의미를 구성하여 내용을 이해하는 과정입니다.[5] '독해'와 '독서'의 차이도 궁금한가요? 먼저 독해는 의미 내지는 정보의 정확한 수용에 초점을 두고 있습니다. 그렇기에 정확하게 정보를 이해했는지, 객관적으로 정보를 수용했는지가 중요한 개념이라면 독서는 조금 더 큰 범위에서 흥미와 관심 등 정서적인 목적으로 읽는 태도나 습관에도 관심을 가지는 포괄적인 개념입니다. 읽기 활동이 단순한 해독의 수준이 아니고, 의미 구성의 과정이며 태도나 습관까지도 연결된다면 더더욱 자기 점검과 자기 조절 능력은 중요해지는 것입니다.

실제로 우리는 읽기 과정에서 수많은 문제 상황을 만납니다. 읽은 내용이 잘 이해되지 않을 때도 있고, 생소한 분야를 다루고 있다면 뒷부분을 읽는 동안 앞부분의 내용이 기억에 잘 남지 않기도 합니다. 이러한 상황에서 필요한 것이 읽기 과정의 점검과 조정입니다. 읽기 과정의 점검이란 자신의 읽기 과정에 어떠한 문제점이 있는지 파악하는 것이고, 읽기 과정의 조정이란 그러한 문제점을 해결할 수 있는 적절한 방법을 찾아 시행하는 것입니다. 자, 그럼 아래의 세 가지 절차에 따라서 여러분의 메타인지를 발휘해 볼까요?

읽기에 영향을 미치는 요인을 파악해요

우리는 앞서 문제 해결 과정으로서의 읽기 단원에서 읽기 전, 읽기 중, 읽기 후에 적용하면 좋은 읽기 방법을 공부했습니다. 먼저 본격적인 읽기에 들어가기 전에 읽기에 영향을 주는 요소를 파악해 봅시다. '독자'는 가장 중요한 요소입니다. 독자의 읽기 경험, 심리적 상태, 배경지식, 독서의 동기, 글을 읽는 여건 등에 따라 읽기의 방법과 전략은 달라질 수밖에 없기 때문입니다. 글 읽기를 앞둔 자신이 어떠한 여건에서 무슨 동기를 가지고, 어느 정도의 배경지식과 읽기 경험을 가지고 글을 읽는지 객관적으로 평가해 보는 것을 추천합니다. 다음으로 '글'에 대한 부분도 고려해야 합니다. 글의 난이도, 갈래와 성격, 글에서 다루는 내용과 주제에 따라 읽기 과정은 달라질 것입니다. 글을 읽는 목적 역시 중요하게 고려해야 할 요소입니다. 정보를 얻기 위한 글 읽기인지, 여가를 활용하여 재미와 감동을 느끼기 위한 글 읽기인지, 학습에서 중요한 부분을 탐색해야 하는 읽기인지, 각각의 목적에 따라 글을 대하는 태도와 방법도 달라집니다. 읽기의 '상황'도 생각하면 좋습니다. 물리적인 환경이 글 읽기에 적합한지, 과제가 있는 읽기인지, 시간은 어느 정도 확보하고 있는지도 종합적으로 고려하면 읽기 활동을 능숙하게 조절할 수 있게 됩니다.

읽기 과정을 점검해요

'능동적인 독자'는 읽기의 전 과정을 점검하며 자신의 독해 작용을 조정합니다. 능동적인 독자는 '능숙한 독자', '유능한 독자'라고도 불리는데, 능동적인 독자란 과연 무엇인지 궁금하지 않나요? 능동적인 독자는 읽기의 목표를 정확하게 인지하고, 진행 중인 읽기 과정이 원활하게 이루어지는지 의식적으로 점검하며, 그 과정에 문제가 확인된다면 즉각적으로 자신의 읽기 방법을 수정한다고 합니다.[6] 그러므로 글의 핵심 내용을 정확하게 찾아내고, 중요한 부분과 부수적인 내용들을 분별하는 힘이 생기게 되는 것입니다. 이제 능동적인 독자가 되는 방법을 배워 봅시다. 읽기 과정 점검 체크리스트를 작성하며 글을 읽으면 읽기 과정에서 의식적으로 주의를 집중하게 되고, 놓치는 부분을 줄일 수 있습니다. 아래의 체크리스트를 봅시다.

읽기 과정 점검 체크리스트

☐ 어떤 읽기 방법을 활용할 것인가?

☐ 글의 정보는 신뢰할 만한가?

☐ 글의 주장은 타당성이 있는가?

☐ 글을 읽는 속도는 괜찮은가?

☐ 이해되지 않는 부분이 있는가?

글의 성격에 따라 어떤 읽기 방법을 활용할 것인가 먼저 가늠하는 것은 능동적인 독자가 하는 가장 첫 번째 과정입니다. 만약 글의 성격이 정보 전달을 목적으로 하는 글이라면, 글에 제시된 정보는 믿을 만한지 신뢰성을 판단하고, 설득을 목적으로 하는 글이라면 글의 주장과 근거로 제시하는 것들이 타당성이 있는지 점검해야 합니다. 글의 내용이 정확하지 않을 수도 있기 때문입니다. 이 과정에서 관련 자료들을 찾아 읽으면 지식의 범위가 확장되기도 합니다. 그다음 읽는 속도도 점검하면 좋습니다. 자칫 읽기 속도가 너무 빠르면 중요한 부분을 놓칠 수 있고, 또 지나치게 느리면 집중력을 잃게 되거나 늘어질 수 있기 때문입니다.

마지막으로 이해가 되지 않는 부분이 있는지 꼼꼼하게 점검해야 합니다. 그런 부분이 있다면 해당 부분을 다시 읽어 보거나, 앞뒤 문맥을 고려하여 의미를 파악해 보거나, 앞에 놓친 내용을 점검하는 방법으로 조정이 가능합니다. 그럼, 본격적으로 조정 방법을 알아봅시다.

읽기 과정을 조정해요

조정하기는 의미 구성에 독자가 활용하는 핵심적인 생각의 방법입니다. 이는 메타인지와 결을 함께합니다. 메타인지의 핵심으로 '반성적 사고'와 '회귀적 사고'를 꼽을 수 있습니다. '반성적 사고'라는 것은 독서의 과정에서 자신이 무엇을 하는지, 글로부터 의미를 구성하는지, 자신의 독서 전략이 어떻게 활용되는지 음미하고 반성할 기회를 가진다는 의미입니다[7]. '회귀적 사고'라는 것은 시간의 흐름에 따라 체계적, 순차적으로 진행되는 것이 아니라 읽기 과정 중에 얼마든지 앞으로 돌아가서 다시 사고할 수 있음을 의미합니다. 읽기 과정을 점검하고 조정하는 행위는 이러한 메타인지의 특성과 밀접한 관련성을 가지고 있습니다. 자신의 인지 활동에 대하여 스스로 통제하고 조절하는 과정에서 전략을 반성하고, 또 잘못된 것이 있다면 앞으로 되돌아가 수정할 수도 있기 때문이죠. 읽기 과정 점검 체크리스트를 작성하며 글을 읽었다면, 이번에는 읽기 과정 조정 체크리스트를 작성해 봅시다.

읽기 과정 조정 체크리스트

☐ 활용한 읽기 방법이 적절한가?

☐ 신뢰성과 타당성을 검증했는가?

☐ 내가 잘못 읽은 부분은 없는가?

☐ 기존 배경지식을 잘 활용했는가?

☐ 이해되지 않는 부분을 해결했는가?

적절하다고 생각해서 활용한 읽기 방법이 실제로 적절했는지 생각해 보고, 그렇지 않았다는 판단이 들면 언제라도 다시 돌아가 새로운 방법을 적용할 수 있습니다. 신뢰성과 타당성을 적절하게 검증했는지 살펴보고 만족스럽지 않다면 역시 참고 서적을 찾아보거나, 인터넷 검색 등으로 얼마든지 다시 확인할 수 있습니다. 혹여 오해한 부분이나 잘못 읽은 부분이 있다면 글을 읽어 나가는 과정에서 바로잡으면 되고, 이해할 수 없는 부분을 여전히 해결하지 못했다면 차분하게 그 이유를 생각해 보고 다시 도전하면 됩니다.

독자로서 기존에 가지고 있던 배경지식을 적절하게 활용했는지, 읽기 활동을 하며 씨줄과 날줄같이 기존의 지식과 새로운 지식이 적절하게 교차하는지 판단하는 과정 역시 아주 의미 있습니다. 이런 과정을 반복적으로 연습하면 자연스럽게 글에 대한 이해도가 높아지는 것은 물론, 읽기 활동을 하는 자신을 적절하게 통제하고 조절할 수 있는 메타인지 사용자가 될 수 있답니다.

메타인지로 읽기

그럼, 지금까지 배운 내용을 바탕으로 한 편의 글 읽기 연습을 해봅시다. 여러분이 메타인지를 잘 활용하는 사람인지 아닌지 직접 글 읽기를 해 보면 좋습니다. 이에 앞서 글을 읽기 전 메모하며 읽는 방법을 소개해 드리겠습니다. 이미 방법을 알고 있는 친구들도 있을 텐데요. 아래 그림을 봅시다.

기호 **?**
궁금증
- 이건 무슨 뜻이지?
- 이게 정말 옳은 이야기일까?

기호 **V**
인상적인 구절
- 이 부분은 정말 재미있다.
- 이 표현 정말 멋있다.

기호 **!**
공감
- 맞아.
- 이 부분은 내 생각과 똑같아.

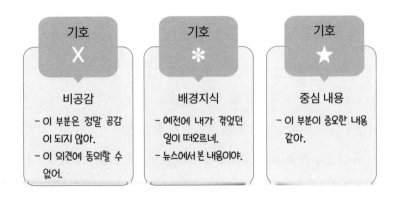

위 그림은 기호를 사용하여 메모하는 모습을 보여 주고 있습니다. 궁금하거나 이해가 되지 않는 부분에는 '?' 표시 후 질문을 적고, 왜 재미있는지, 혹은 슬픈지, 화나는지를 체크하고 싶을 때는 'V' 표시를 하고, 그 이유를 메모하면 됩니다. 왜 공감이 되는지 어떤 면에서 공감이 되는지 적을 때는 '!', 왜 공감이 되지 않는지, 어떻게 반박할 것인지 적을 때는 '×', 관련 있는 자신의 경험, 각종 매체에서 보고 들은 이야기 등 자신의 배경지식을 적을 때는 '*', 중심 내용을 체크하고 싶을 때는 '★' 표시를 하고 짧게 요약하면 좋습니다. 이 밖에도 중심 화제에는 'O'를, 중요한 문장에는 '___(밑줄)'을 치며 읽는 습관은 내용의 중요도를 파악할 수 있을 뿐 아니라, 읽기 과정을 점검, 조정하는 데에도 도움이 됩니다.

㉮ 환경에 대한 관심이 높아진 요즘 개인 차원의 환경 보호 활동뿐 아니라 기업 차원의 환경 보호 활동의 중요성 역시 커지고 있다. 기업의 환경 보호 활동은 어떤 방식으로 진행될까?

㉯ 기업의 최종 목표는 최대 이익을 얻는 것이기 때문에 기업의 환경 보호는 개인이 하는 환경 보호 활동과는 내용과 방법 면에서 결이 다르다. 그중 가장 대표적인 것이 '환경 마케팅'이다. 환경 마케팅이란 자연환경을 보전하고 생태계 균형을 중시하는 판매 전략으로, 대량 판매를 중시하던 기존 판매 전략과는 달리 공해 요인을 제거한 상품을 제조하고 판매하는 것에 초점을 둔다. 환경 마케팅의 대표적인 예로는 페트병의 라벨을 제거한 생수 판매가 있다. 음료에 붙어 있는 라벨은 우리 주변에서 가장 흔히 찾아볼 수 있는 환경 파괴 요소로 라벨을 붙이는 과정에서 쓰이는 과도한 포장이 자원 낭비로 연결된다. 이러한 문제를 해결하기 위해 최근 많은 음료 회사에서 라벨 없는 병을 생산하기 시작했다. 무라벨 생수를 처음 도입한 ○○○개발공사는 기업 △△△에서 무라벨 생수를 판매하기 시작한 후 시장 점유율이 1.9% 상승했다고 발표했다. 자연을 중요시하는 기업이라는 이미지를 소비자들에게 심어 주며 환경 보호뿐 아니라 마케팅 효과도 같이 누리게 된 것이다.

㉰ 반면 환경 마케팅을 악용하는 기업도 존재한다. 표면적으로만 친환경 경영을 표방해 경제적 이익을 보는 행위를 '그린워싱

(Greenwashing)'이라 부른다. '그린워싱'은 마치 친환경적(green)인 것처럼 세탁(White washing)한다는 뜻으로, 제품 생산 과정에서 발생하는 환경 오염 문제는 축소하고 재활용 등의 일부 과정만을 부각해 마치 친환경인 것처럼 둔갑하는 것이다.

㉤ 그린워싱의 대표적인 예를 찾아보자. 전 세계적으로 영향을 미치는 카페 브랜드 △△는 그린워싱 논란으로 화두에 오른 적이 있다. 친환경 기업임을 내세우며 플라스틱 빨대를 종이 빨대로 교체하고, 다회용(reusable) 플라스틱 텀블러를 생산하여 재사용을 유도하지만, 매 시즌마다 새로운 텀블러, 플라스틱 굿즈 등 필요 이상의 소모품을 판매하는 모습을 보이면서 소비자들에게 모순이 가득한 정책이라는 비난을 받았다. 2019년 기후 변화 행동 연구소의 실험 결과에 따르면 330ml 용량의 텀블러 생산 시 발생하는 온실가스 배출량은 카페에서 쓰이는 종이컵의 24배, 일회용 플라스틱 컵의 13배 이상이었다. 친환경적인 목적을 달성하려면 다회용 플라스틱 텀블러는 최소 50회 이상, 스테인리스 텀블러는 최소 220회 이상 사용해야 한다. 이런 실험 결과를 바탕으로 △△의 기업 정책을 살펴보면 오히려 환경을 파괴하고 있다는 것을 알 수 있다.

㉥ 이와 같은 그린워싱의 문제점은 무엇일까? 그린워싱 기업의 제품 수요 및 판매가 높아진다면 환경에 오히려 독이 됨은 물론 친환경 기업의 제품 개발 의지는 저하되고, 친환경 마케팅은 상술이라는 인식이 사회 전반에 자리 잡아 모든 친환경 제품이 신뢰를 잃어버리게 될 수 있다. 이러한 상황이 지속되면 친환경 제품을 찾는 소비자들과

친환경 기업의 수가 감소하여 최종적으로는 환경 파괴가 가속화될 것이다.

㉥ 그렇다면 그린워싱으로 인한 피해를 최소화하기 위한 방안은 무엇이 있을까? 2021년 영국 공정 거래 위원회에서 진행한 조사에 따르면 그린워싱 사례 중 50% 이상은 소비자가 판단할 수 있을 만큼의 충분한 정보를 제공하지 않아서 발생했다고 한다. 반대로 생각하면 충분한 정보를 제공할 경우 피해를 반으로 감소시킬 수 있다는 의미이기도 하다. 그렇기 때문에 정확하고 이해하기 쉬운 정보 제공을 체계화하는 것이 필요하다. 기업의 환경 성과를 평가하는 체계가 구축된다면 소비자들은 더욱 쉽게 이해할 수 있을 것이다. 물론 상품을 선택하는 소비자의 인식 개선도 빼놓을 수 없다. 소비자들이 그린워싱에 대한 안목을 기를 수 있도록 하기 위해 미국의 친환경 비교 정보 제공 사이트 □□□은 16만 개가 넘는 상품에 대한 친환경성 정보를 제공하고 있다. 더불어 여러 단체에서 진행하는 캠페인 활동도 있다. 국제 소비자 보호 집행 기구(ICPEN)는 매년 그린워싱 예방 캠페인을 진행하며, 전 세계 기업들을 향한 경고의 메시지를 보내고 있다.

㉦ 아직까지 그린워싱에 대한 명확한 규제나 처벌이 없기 때문에 현실적으로 바라봤을 때 그린워싱 기업을 감소시키기에는 많은 어려움이 있다. 그러나 그린워싱 기업을 제재하기 어렵다고 방치해 둔다면, 환경을 위하는 기업들이 지금보다 더 많은 피해를 보게 될 것이며, 그에 따라 환경 파괴도 더욱 심해질 것이다. 정직한 친환경 기업이 더욱 발전하기 위해서는 소비자의 역할이 매우 중요하다. 이제는

더 많은 소비자들이 환경에 이로운 선택을 할 수 있도록 다양한 방안을 모색해야 할 때이다.

앞의 예시문은 기업의 환경 보호 활동이 어떤 방식으로 진행되는지 다루며 '환경 마케팅'을 소개하고 있습니다. 글의 ㉯, ㉰ 부분을 메모하며 읽은 학생의 노트를 볼까요?

기업의 최종 목표는 최대 이익을 얻는 것이기 때문에 기업의 환경 보호는 개인이 하는 환경 보호 활동과는 내용과 방법 면에서 결이 다르다. 그중 가장 대표적인 것이 '환경 마케팅'이다. 환경 마케팅이란 자연환경을 보전하고 생태계 균형을 중시하는 판매 전략으로, 대량 판매를 중시하던 기존 판매 전략과는 달리 공해 요인을 제거한 상품을 제조하고 판매하는 것에 초점을 둔다. 환경 마케팅의 대표적인 예로는 페트병의 라벨을 제거한 생수 판매가 있다. 음료에 붙어 있는 라벨은 우리 주변에서 가장 흔히 찾아볼 수 있는 환경 파괴 요소로 라벨을 붙이는 과정에서 쓰이는 과도한 포장이 자

환경 마케팅이 이 글의 중심 화제인 것 같네. 일단 체크해 보자.

환경 마케팅에 대한 개념 정의가 나오네. 중요한 부분이니 밑줄을 긋겠어.

사례를 제시하니 정의에 대한 이해가 잘 되는군! 이 부분은 확실하게 이해한 것 같아.

무라벨 생수 외에 내가 좋아하는 초코 과자도 플라스틱 용기를 뺐던데 유사한 사례겠지?

원 낭비로 연결된다. 이러한 문제를 해결하기 위해 최근 많은 음료 회사에서 라벨 없는 병의 생산을 시작했다. √무라벨 생수를 처음 도입한 ○○○개발 공사는 기업 △△△에서 무라벨 생수를 판매하기 시작한 후 시장 점유율이 1.9% 상승했다고 발표했다. ! 자연을 중요시하는 기업이라는 이미지를 소비자들에게 심어 주며 환경 보호뿐 아니라 마케팅 효과도 같이 누리게 된 것이다.

반면 환경 마케팅을 악용하는 기업도 존재한다. 표면적으로만 친환경 경영을 표방해 경제적 이익을 보는 행위를 '그린워싱(Greenwashing)'이라 부른다. '그린워싱'은 마치 친환경적(green)인 것처럼 세탁(White washing)한다는 뜻으로, 제품 생산 과정에서 발생하는 환경 오염 문제는 축소하고 재활용 등의 일부 과정만을 부각해 마치 친환경인 것처럼 둔갑하는 것이다.

> 인상적인 부분이야. 환경 마케팅이 실제로 효용이 있네. 나도 동일한 가격의 생수면 무라벨 생수를 사니까 말이야.

> 공감이 가는 부분이야. 라벨이 붙어 있으면 비닐 소재가 꺼려지고, 무라벨은 아무래도 환경을 위한다는 이미지가 있으니.

> 이 글의 '그린워싱' 개념을 신뢰할 수 있을까? 인터넷 백과사전으로 개념을 다시 검색해야지.

> 오, 이 문단의 중심 내용이군! 그린워싱의 개념이 이런 것이었는지 몰랐네. 결국 친환경인 척 이미지 세탁을 했을 뿐이었군. 실망스러워.

정말 꼼꼼하게 읽었네요. 먼저 중심 화제인 '환경 마케팅'을 찾아 체크하고 개념 정의에 밑줄을 그었습니다. 또한 무라벨 생수의 사례로 본인의 이해도를 점검하는 모습도 보입니다. 메타인지의 자기 평가 능력과 자기 조절 능력을 기억하나요? 메타인지란 내가 이 내용을 잘 이해하고 있는지 점검하고, 만약 원하는 수준에 도달하지 못했다면, 해당 부분을 다시 읽거나 내용 이해를 위한 검색을 하거나 읽기 속도를 조절하는 등의 해결 방안을 모색하는 과정이기도 합니다.

이어서 배경지식을 활용해서 유사한 사례로 생각을 확장하고 있습니다. 무라벨 사례가 불필요한 비닐 사용을 줄인 것이니, 플라스틱 용기를 제거한 것 역시 환경 마케팅의 하나로 볼 수 있겠군요. 자신의 경험이나 기존의 지식을 연계해서 글을 읽는 태도는 의미 구성을 알차게 하는 방법이 됩니다. 더불어 인상적인 부분과 공감이 되는 부분을 기호로 표시하고 글의 내용과 자기 생각을 적어 놓은 것도 보입니다. 글의 내용을 일방적으로 받아들이는 것이 아니라 내용이 적절하고 타당한지를 점검하는 과정으로 풀이됩니다. 특히 '그린워싱'에 대해서는 백과사전을 활용하여 더욱 정확한 정보를 얻고자 시도합니다. 마지막으로 중심 내용을 찾아 체크하며 자신의 용어로 다시 한번 정리하는 것으로 마무리합니다. 읽기 과정을 점검, 조정하는 능력과 메타인지를 활용하는 요령이 아주 뛰어나죠?

읽기 전략에는 'KWL'이란 것도 있습니다. 'K'는 '알고 있는 것(What I Know)', 'W'는 '알고 싶은 것(What I Want to know)', 'L'은 '새롭게 알게 된 것(What I have Learned)'의 글자를 조합해서 만든 것으로 설명하는 글 읽기에 적절한 전략입니다.

K	W	L
알고 있는 것	알고 싶은 것	알게 된 것

위의 표를 채워 나가는 과정에서 기존에 가지고 있던 배경지식이 활성화되고, 읽기 목적을 놓치지 않을 수 있으며, 글과 활발하게 상호 작용을 할 수 있습니다.

K	W	L
알고 있는 것	알고 싶은 것	알게 된 것
환경 보호 무라벨 생수 친환경 다회용(reusable) 플라스틱 텀블러	그린워싱 개념 그린워싱 문제점 그린워싱으로 인한 피해를 최소화하기 위한 방안	텀블러 생산 시 온실가스 배출량 환경 마케팅 친환경 비교 정보 제공 사이트

학생이 정리한 표를 보면, 먼저 알고 있는 것에 '환경 보호', '무라벨 생수', '친환경' 등의 용어를 적었습니다. 알고 있는 개념을 먼저 챙기면 주제와 관련된 정보 역시 빠르게 파악할 수 있습니다.

그다음, 글을 통해 알고 싶은 것에 그린워싱의 개념과 문제점, 그린워싱으로 인한 피해를 최소화하는 방안을 필기했군요. 이 과정은 능동적으로 질문을 만들어 냄으로써 글의 구조를 명확하게 파악하는 디딤돌이 됩니다.

  마지막으로는 글을 읽은 후에 새롭게 알게 된 것을 정리했습니다. 학생은 '환경 마케팅'과 '텀블러 생산 시 온실가스 배출량', '친환경 비교 정보 제공 사이트' 등의 개념을 추가했군요. 결국 환경 마케팅을 악용하는 사례가 그린워싱이라는 것, 일회용 종이컵이나 플라스틱 컵 소비보다 환경에 이로울 것이라고 생각했지만, 텀블러 역시 많은 온실가스를 배출한다는 것을 새롭게 알게 되었습니다. 그래서 종이컵 대신 텀블러를 구매한 경우, 최소 220회 이상은 사용해야 하며, 그렇지 않고 무분별하게 구매만 반복할 때는 그린워싱의 문제점인 환경에 오히려 독이 된다는 것, 그린워싱으로 인한 피해를 최소화하기 위한 여러 단체가 있다는 것을 깨닫고 읽기를 마쳤습니다. 이처럼 읽기를 하며 메타인지를 적절하게 활용하고, 읽기 과정을 유연하게 점검 및 조정하는 것은 능숙한 독자가 되는 가장 쉽고도 빠른 길입니다.

이것만은 알아 두세요

자기 평가 능력	자기 조절 능력	메타인지
자신을 모니터링해서 자신을 객관적으로 볼 수 있게 하는 능력	스스로 계획을 세우고 실천하며 자신을 조절하는 능력	일반적인 인지를 넘어선 차원의 인지, 내가 아는 것과 알지 못하는 것을 아는 것

풀어 볼까? 문제!

1. 내가 아는 것이 무엇인지 아는 인지를 무엇이라고 할까요?

2. 읽기에 영향을 미치는 요인으로는 어떤 것들이 있을까요?

정답

1. 메타인지(Metacognition)

2. 독자, 글, 상황

읽기를 생활화해요

독립운동가인 안중근 의사는 "하루라도 책을 읽지 않으면 입 속에 가시가 돋는다—日不讀書 口中生荊棘."라는 명언을 남겼습니다. 책보다는 영상물을 좋아하는 세상, 책의 한 구절 한 구절을 꼼꼼히 곱씹으며 의미를 되새기기보다는 SNS의 쇼츠, 릴스 등 숏폼 콘텐츠에 푹 빠져 있는 이 시대에, 여러분에게 읽기란 어떤 의미일까요? 이번 장에서는 읽기의 중요성과 가치를 생각해 보고, 읽기 활동의 구체적인 로드맵을 그려 보도록 합시다. 잘 따라오면, 평생 독자로 가는 여정의 첫걸음을 잘 내디딜 수 있을 것입니다.

읽기의 가치와 중요성

다음 공익 광고를 봅시다. 지식인이 되는 방법에 대하여 "찾기'가 아니라 '읽기"라는 메시지를 전달하고 있습니다. 여러분도 제재를 읽으며 스스로 의미를 탐색하고 구성해 나가기보다는 완결된 정보를 찾는 것에 익숙하지 않나요? 왜 공익 광고에서는 스마트폰이나 인터넷 사용보다 책, 그리고 읽기를 권장할까요? 우리 교육 과정에서는 '독서'에 대해 "글을 읽으며 의미를 이해하고 구성하는 능동적 행위"라고 설명하고 있습니다. 스마트폰이나 인터넷에서 접할 수 있는 정보는 사

(출처: 공익광고협의회)

용자들에게 특별한 노력 없이 주로 수동적으로 받아들여지지만, 독서는 독자의 능동적인 노력이 필요하다는 점에서 차이가 있습니다. 독자는 글을 읽으며 주체적으로 의미를 파악하고 자신의 것으로 만들고자 노력하는데, 이는 위의 공익 광고가 이야기하는 지식인이 되는 가장 쉽고도 좋은 방법이 됩니다.

우리는 읽기를 통해 학습에 필요하거나 세상을 살아가는 데 필요한 지식과 정보를 얻을 수 있고, 독서를 통한 간접 체험으로 생각의 틀을 확장할 수 있습니다. 또한 올바른 인성을 함양하고 세상을 바라보는 통찰력을 가질 수도 있죠. 이처럼 읽기는 개인의 사고력 신장에도 도움이 될뿐더러 책을 읽는 독자들이 긍정적인 방향으로 성장하면 사회 전체의 성장을 가져오게 되며, 독서를 통해 공동체의 문화를 계승하고 전파할 수 있는 귀중한 역할을 담당하게 됩니다. 아울러 시간과 공간을 초월한 선인들의 발자취를 토대로 새로운 지식과 정보를 창출할 수 있으니, 책은 인류의 위대한 문화유산이라 할 수 있습니다.

읽기 활동 로드맵

혹시 식물을 키워 본 적이 있나요? 흙에 씨앗을 심고 적절한 습도를 유지하면 새싹이 나옵니다. 새싹은 점점 자라 견고한 줄기가 되고, 줄기에는 잎이 생겨나고 꽃을 피우거나 열매를 맺기도 하며 식물은 자라납니다. 이렇게 자라나기까지는 적정한 수준의 빛, 물과 양분이

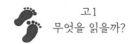
고1
무엇을 읽을까?

중3
《안녕하세요, 비인간동물님들》,
《동물 실험, 무엇이 문제일까?》

중2
《너만 모르는 엔딩》,
《동물에게 다정한 법》

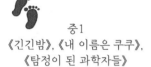
중1
《긴긴밤》,《내 이름은 쿠쿠》,
《탐정이 된 과학자들》

독서 발자국

필요합니다. 읽기도 식물과 같이 단계와 시기가 있고, 이에 맞게 필요로 하는 요소들이 있습니다. 이번에는 읽기 활동 로드맵을 그려 볼 것입니다. '로드맵'이란 어떤 일의 추진에 필요한 목표, 기준 등을 담아 만든 종합적인 계획을 의미합니다.

독서가 어렵고 막연하게 느껴졌다면 나의 독서 발자국 세어 보기, 단기적, 중·장기적 독서 계획 세우기, 자료 검색으로 적절한 책 찾기, 책 읽고 독서 일지 작성하기, 서평 쓰고 독서와 삶을 연결하는 로드맵을 완성해 보는 것을 추천합니다. 이러한 일련의 과정을 통해 여러분은 평생 독자로 한 걸음 더 도약할 수 있을 겁니다.

나의 독서 발자국을 세어 보아요

독서 활동의 출발은 먼저 자신의 독서 발자국을 확인하는 일입니다. 그동안 어떤 책을 읽어 왔는지 정리해 보세요. 먼저 읽은 책의 제목과 저자를 정리하고, 책의 분야를 확인합니다. 책은 내용 영역에 따라 인문·예술 분야, 사회·문화 분야, 과학·기술 분야로 나뉩니다.

인문 분야는 인간의 사상과 문화, 그리고 인간이 살아가는 세계에 대한 이해를 다룹니다. 이미 여러분이 많이 접해 보았을 문학, 역사, 철학 등이 인문 분야에 포함되며, '인간다움'이란 무엇인지 깨달음을 주는 것이 특징입니다. 인간의 다양한 삶의 방식을 접하며 인간과 삶에 대한 이해를 높이고 싶거나 삶을 성찰하고 싶다면 인문 분야의 책을 읽어 봅시다.

예술 분야는 예술 갈래에 관해 설명해 주거나 예술 작품을 이해하고 감상하는 데 도움을 주는 글들이 많습니다. 예술에 관한 작품론, 작가론 및 예술 작품에 대한 감상과 비평 등을 다룹니다. 예술 작품이 우리 삶의 어떤 모습을 반영하고 있는지 알고 싶거나 인생을 풍요롭게 만들 예술적 소양을 쌓고 싶다면 이 분야의 책을 골라 읽는 것을 추천합니다.

사회 분야의 글은 사람들이 살아가는 집단과 사회 현상을 탐구하는 내용을 담고 있습니다. 문화 분야는 사회 구성원에 의하여 습득, 공유, 전달되는 행동 양식이나 생활 양식, 예를 들어 언어, 종교, 도덕과 규범 등을 폭넓게 논합니다. 우리 사회의 구조와 기능, 사회·문화적 맥락, 사회적 요구와 신념을 알고 싶다면 이 분야의 도서에서 답을 찾을 수 있습니다.

과학·기술 분야는 자연 현상이나, 과학·기술의 작동 원리와 특징을 다룹니다. 자연 현상 속에 숨겨진 이치, 실생활이나 여러 산업 분야에 응용할 수 있는 과학적 원리를 알고 싶다면 과학·기술 분야의 독서를 추천합니다. 특히 개념이나 원리를 명확히 이해하고 개념의 적용 가능성, 현재 가지고 있는 한계 등을 따져 읽으면 독서를 하며 자연스럽게 사실적, 비판적 독해 능력을 기를 수 있습니다.

독서 발자국을 세어 보면 자연스럽게 자신의 독서 영역이 특정 분야에 편중되어 있지 않았는지 확인할 수 있습니다. 세 가지 분야 중 특별히 더 좋아하고 자주 읽게 되는 영역이 있을 수 있습니다. 이건 아주 자연스러운 현상입니다. 그렇지만 편식이 영양 불균형을 초래하듯, 책도 어느 한 분야만 읽기보다는 다양하게 읽어 보는 것이 생각의 세계를 확장하는 데 좋습니다. 아직 읽어 보지 않은 영역이 있다면 이번 기회에 첫 발자국을 찍어 보는 것은 어떨까요?

단기적, 중·장기적인 독서 계획을 세워요

중간고사, 기말고사 전에 학습 계획을 세우면 계획 없이 공부할 때보다 놓치는 부분이 없게 되고 학습 효율도 오르게 되죠? 독서도 마찬가지입니다. 독서 계획을 세우면 독서 활동을 체계적으로 하는 데 큰 도움이 됩니다. 당장 읽을 책 외에도 한 해 동안 읽고 싶은 책들,

조금 더 성장한 후에 읽고 싶은 책들, 평생 읽어야 하는 책들의 목록을 정리해 봅시다. 특히 독서 발자국을 참고하여 계획을 세우면 균형 잡힌 독서를 할 수 있을 것입니다.

더불어 독서 계획 속에 다양한 시대, 다양한 지역에서 생산된 글을 균형 있게 배치하는 것도 추천합니다. 시대와 공간을 초월하는 보편성과 개별적인 특수성을 아는 것은 시대와 문화를 이해하는 열쇠가 되기 때문입니다. 다양한 시대에 걸쳐 나온 책을 읽으며 과거의 발자취를 통한 삶의 지혜를 얻을 수 있고, 이를 토대로 현재를 살아가는 통찰력을 발휘하고 미래를 대비할 수 있습니다. 또한 다양한 지역에서 쓰인 책을 읽으면 사람들의 다채로운 삶에 대해 알 수 있고 문화적 특수성을 존중하는 유연한 시각을 가질 수 있습니다. 이처럼 독서 계획을 세워 다양한 시대, 다양한 지역에서 쓰인 책을 고루 읽을 때 길러지는 생각의 근육은 여러분을 문화 창조의 주체로 우뚝 서게 할 것입니다.

자료를 검색해서 적절한 책을 찾아요

요즘에는 책에 대한 정보를 얻기가 아주 쉬워졌습니다. 굳이 서점에 방문하지 않아도, 온라인 서점 애플리케이션이나 웹사이트를 통해 책 표지, 목차, 저자에 대한 정보, 심지어 서평까지도 어렵지 않게 찾을 수 있어요. 특히 애플리케이션에서는 영역별로 스테디셀러나 베스트셀러를 알려 주기도 하고, 그동안 주문한 사례를 토대로 취향에 맞을 만한 도서를 추천해 주기도 한답니다.

좀 더 쉬운 방법은 책을 좋아하는 선생님들이 운영하는 누리집을 방문하여 정보를 얻는 것입니다. 이런 누리집에서는 상황별, 주제별 추천 도서 목록 등 다양한 정보를 제공받을 수 있습니다. 특히 연도별로 추천 도서를 볼 수 있고, 내용의 난이도까지 소개되어 있어서 아주 유용하답니다. 관심 분야이면서, 너무 어렵거나 쉽지 않은 수준에 맞는 책을 선정하면 독서에 대한 흥미를 훨씬 높일 수 있습니다.

책을 선정할 때는 책의 제목, 목차, 작가에 대한 정보, 추천의 글, 서평 등을 꼼꼼하게 확인합니다. 책 표지는 책의 얼굴이라 할 수 있기에 제목, 저자 이름, 출판사 등 책의 가장 핵심적인 정보를 담고 있는 경우가 많습니다. 그리고 책 표지 바깥에 씌운 또 하나의 두꺼운 종이가 있죠. 이 두꺼운 종이를 커버 혹은 재킷이라고 하는데, 커버의 양 끝을 안쪽으로 접어 넣은 부분이 책날개입니다. 날개 부분에는 주로 작가에 대한 정보가 들어가요. 작가의 이력이나 작품 세계 등을 참고하면 책 선정에 많은 도움을 받을 수 있습니다.

책을 읽고 독서 일지를 작성해요

자, 적절한 책을 선정해서 읽었나요? 객관적으로 완벽하다거나, 모든 사람에게 일률적으로 도움이 되는 책은 없답니다. 독서 목적에 맞고, 내용이 지나치게 어렵거나 쉽지 않으며, 자신의 관심사를 다룬 책이 가장 가치 있는 책입니다. 그러한 책을 적절하게 잘 선택했다면 꾸준하게 읽을 수 있을 것입니다. 이 꾸준한 읽기에 도움을 주는 것이 독서 일지입니다. 학교 현장에서 독서 지도를 할 때, 학생들이 하기 싫어하는 활동 중의 하나가 바로 독서 일지 작성입니다. 독서 일지에는 오늘 읽은 중심 내용을 짤막하게 요약하고, 인상적인 문장과 내용, 새롭게 알게 된 내용, 어렵거나 이해되지 않는 내용, 읽으면서 떠오른 질문, 더 알고 싶은 내용, 마음에 드는 구절 등을 기록하면 됩니다. 다소 번거롭고 귀찮은 일이지만 독서 일지를 작성하면 읽은 내용을 기억하기 쉽고 생각을 정리하기도 좋습니다.

그리고 독서 일지가 쌓이면 쌓일수록 뿌듯한 성취감도 경험할 수

책 제목: 작가:
읽은 날짜: .   .   읽은 페이지:

1. 오늘 읽은 중심 내용 요약

2. 인상적인 문장과 내용

3. 새롭게 알게 된 내용

4. 어렵거나 이해되지 않는 내용

5. 더 알고 싶은 내용

독서 일지 내용 예시

있습니다. 처음에는 독서 일지를 쓰기 꺼리던 친구들도 차츰 그 가치를 깨닫게 된답니다. 독서 일지 쓰는 것을 즐기는 친구들은 마인드맵으로 생각을 확장하기도 하고 인물의 관계도를 직접 그리기도 하는 등 작성 과정에서 자신만의 노하우나 기록 방식이 생기기도 합니다.

서평을 쓰고 책과 삶을 연관 지어요

수행 평가를 통해서 이미 서평을 써 본 친구들도 있을 것입니다. 서평은 '머리말-본문-맺음말'로 구성됩니다. 머리말에는 책을 선정하게 된 이유와 읽게 된 계기, 책에 대한 첫인상을 적습니다. 본문에는 책의 간략한 내용과 더불어 책에서 인상 깊게 읽었던 부분, 책을 읽고 깨닫게 된 바를 짜임새 있게 써 내려가면 됩니다. 이때 줄거리 서술에 치우치지 말고, 자신의 삶과 연계하여 생각과 느낌, 그리고 평가를 잘 살려 적으면 더 좋은 글이 될 것입니다. 맺음말에서는 책의 내용을 짤막하게 요약하고 생각을 정리합니다. 책을 읽어야 하는 이유와 책의 가치 등도 함께 적으면 더욱 좋습니다. 서평을 적을 때 그동안 작성했던 독서 일지를 활용하면 큰 도움을 받을 수 있습니다. 서평이 독서의 완성이라면, 독서 일지는 독서의 아름다운 과정이니 둘은 떼려야 뗄 수 없는 관계라고 할 수 있어요.

독서의 최종 목표를 한마디로 정리한다고 하면 단연코 '인간 삶의 의미 있는 변화'라 할 수 있는데, 서평을 쓰는 과정에서 책이 삶에 아주 작은 변화라도 가져오게 되었다는 것을 감지할 수 있다면 여러분의 독서 활동은 아주 성공했다고 할 수 있습니다.

평생 독자가 되기 위한 발걸음 남기기

읽기의 생활화는 우리가 일상적으로 식사를 하고 잠을 자는 것처럼, 책 읽기가 일상생활과 같이 생활 습관이 되거나 실생활로 이어지는 것을 의미합니다. 2021년 국민 독서 실태 조사에 따르면, 한국 성인 5명 중 2명만이 1년 동안 책을 읽었고, 연간 종합 독서량도 평균 4.5권에 불과하다고 합니다. 이는 OECD 국가 평균인 16권에 크게 못 미치는 수치라고 할 수 있습니다.

흔히 책을 좋아하는 친구들에게 그 이유를 물으면, 가장 많이 나오는 답이 "즐겁고 재미있다."라는 것입니다. 책은 우리에게 지식을 주기도 하지만, 무엇보다 재미와 감동을 주는 매체입니다. 아직까지는 읽기를 생활화한다는 것이 무엇인지 피부로 와닿지 않을 것입니다. 그렇다면 이번에는 읽기를 생활화하기 위한 다양한 방법을 소개해 드리겠습니다.

목적에 따라 달라지는 독서-교과 독서와 학습 독서, 자유 독서

먼저 독서는 목적에 따라 '교과 독서', '학습 독서', 그리고 '자유 독서'로 나눌 수 있습니다. 교과 독서는 국어 수업 이외에, 다른 교과 수업에서도 자주 사용하는 방법입니다. 예를 들어 학교에서 과학 선생

님이 유전에 대한 단원을 가르칠 때 유
전 관련 도서를 함께 읽으며 필요한 지
식을 습득하도록 하는 것이 교과 독서
입니다. 사회 시간에 동학 농민 운동 단
원을 배울 때, 백범 김구 평전을 함께 읽
으면 개념을 훨씬 더 풍부하게 이해할
수 있습니다. 교과의 학습 활동 속에서 연결되는 교과 독서는 학습의
과정으로 독서를 가져온다는 점에서 무척 의미 있는 활동입니다. '학
습 독서'는 '배우기 위한 읽기(reading to learn)'가 목적인 독서 활동입
니다. 국어 시간에 배우는 독서 전략을 활용하면 효율적인 학습 독서
를 할 수 있습니다. 그래서 국어 시간에 '읽기를 배우는 것(learning to
read)'입니다. 예를 들어 사실적 읽기 방법을 배우면 판다에 대한 글
에서 내용 설명을 잘 이해하게 되고, 비판적 읽기 방법을 배우면 학교
폭력에 대한 글에서 주장의 타당성을 적절하게 판단하게 됩니다. 읽기

학습을 잘하면 학습 독서 역시 수
월하게 할 수 있습니다. '자유 독
서'는 학습 독서와 대비되는 개념
입니다. 학습 독서가 특정한 목적
이 있었다면, 자유 독서는 정말
자유롭게, 남는 시간을 활용하여
이루어지는 개인의 자율적인 독서

활동입니다. 즐거움과 만족을 목적으로 하며 여가 활동으로 수행된다는 점에서 '취미 독서'라고도 합니다.[8] 쉬는 시간에 틈틈이 책을 읽는 친구들이 바로 자유 독서를 하는 것입니다.

읽기를 그다지 좋아하지 않아 읽기와 거리 두기를 하고 있다고 말하는 친구들이 있습니다. 하지만 여러분은 이미 일상적인 읽기를 하고 있습니다. 여러분이 수업 시간에 그리고 시험공부를 위해 교과서를 읽는 것도 일상적인 읽기에 해당합니다. 만약 교과서를 읽다가 관심 분야가 생기면 관련된 책을 찾아 읽을 수도 있겠죠.

독서는 자투리 시간을 활용할 수도 있지만 시간을 정해 두고 하면 더욱 좋습니다. 아침 자습 시간이나 점심 급식을 먹은 후, 혹은 잠자기 전으로 시간을 정하고 조금씩이라도 꾸준히 읽어 보십시오. 꾸준히 읽는 독서 습관이 형성되면 이 습관이 여러분을 평생 독자로 이끌어 줄 것입니다.

다양한 독서 방법 상황에 따라 적용하기

독서는 다양한 상황에서, 다양한 목적으로 하게 됩니다. 여유 있게 내용을 곱씹으며 천천히 좋은 문장이 담긴 책을 읽을 때도 있고, 책의 분량이 많고 전체를 읽을 필요가 없다면 내용 일부를 빠르게 골라 읽을 때도 있습니다. 이처럼 독서의 방법은 다양합니다. 독서 방법을 적용하여 자신의 상황과 목적에 맞는 독서를 한다면 효율성은 한층 올라가게 되고, 독서로 얻는 효용도 매우 높아지게 됩니다.

　정보를 빠르게 찾으며 책을 읽어야 할 때는 '속독速讀'을, 시간에 구애받지 않고 의미를 새겨 가며 깊이 있게 읽고 싶다면 '지독遲讀'을 합니다. '속독'의 '속速'이 '빠르다'는 의미가 있는 반면, '지독'의 '지遲'는 '늦다', '더디다'의 의미를 가지고 있습니다. 이처럼 독서 속도에 따라 방법이 달라지기도 합니다. '통독通讀'은 처음부터 끝까지 훑어보며 대강 읽어 내는 방식이고, '발췌독拔萃讀'은 필요한 부분만 선별하여 읽는 방식입니다. 또한 내용을 자세히 파악하고 싶을 때 꼼꼼하게 읽는 독서를 '정독精讀'이라고 하는데 이건 많이 들어 봤을 것입니다. 조금 생소한 '미독味讀'은 맛을 뜻하는 '미味'를 써서 맛있는 음식을 먹듯 책이나 문장을 충분히 음미하면서 읽는 방식을 의미합니다. 이외에도 발성 여부에 따라 글을 소리 내서 읽는 '음독音讀', 소리 내지 않고 읽는 '묵독默讀'도 있습니다. 아주 다양한 방법이 있죠? 독서할 때와 상황에 따라 적합한 방법을 선택하면 됩니다. 그럼, 구체적인 상황도 생각해 볼까요?

　예를 들어 학습을 위한 독서를 하고 있다면 꼼꼼히 읽는 '정독' 방식이 좋습니다. 중요한 정보를 놓치지 않아야 하니까요. 또한 과제 제출을 위해 필요한 정보를 선별해야 한다면 전체를 읽는 방식보다 '발췌독'이 효율성을 높일 수 있습니다. 만약 알고자 하는 대상의 전체적인 흐름을 알고 싶다면 '통독'을, 인생의 교훈을 삼을 수 있는 내용이 있는 책이라면 '지독'이 효과적입니다. 완성도가 높은 고전古典을 읽는 경우라면, 가치 있는 문장과 표현을 천천히 그 내용을 음미하며 읽는 '미독'이 적합할 것입니다.

능숙한 독자들은 다양한 읽기 방법을 알고, 상황에 맞는 방법을 구사합니다. 이제 여러분도 목적과 상황, 내용에 따라 가장 적합한 방법을 구사할 수 있을 것입니다.

평생 독자가 되기 위한 발걸음 남기기

지금까지 독서의 목적과 상황에 따라 달라지는 독서 방법에 대해 알아보았습니다. 자신이 처한 상황에 따라 목적에 맞는 독서를 하다 보면 어느덧 평생 독자로 가는 목표 지점에 한 걸음 더 가까이 다가가고 있을 거예요. 평생 독자의 개념이 궁금한가요?

'평생 독자'란 말 그대로 일생에 걸쳐 글 읽기를 멈추지 않는 사람을 의미합니다. 청소년기에 있는 여러분은 학교에 다니고, 수업을 듣기 때문에 일상생활 속에 읽기는 항상 여러분 곁에 있습니다. 그렇지만 성인기가 되면 청소년기의 절반 정도로 독서량이 줄어든다고 합니다. 책을 읽을 수 있는 환경에서 멀어진 이유도 있지만, 청소년기 대부분의 독서가 학습을 위한 독서에 치우쳐 있어 독서의 진정한 재미와 의미를 찾지 못한 경우가 많습니다. 그렇기 때문에 여러분은 청소년기에 꾸준한 독서를 통해 읽기 활동 자체가 주는 즐거움과 재미를 느껴 보는 것이 좋고, 또 읽기 활동을 풍부하게 하는 경험을 해 보는 것도 권장합니다.

앞서 배운 읽기 활동 로드맵이 평생 독자가 되기 위해 스스로 하는 독서 활동이었다면, 여럿이 함께하는 독서 활동 역시 평생 독자로 나아가는 또 다른 방법입니다. 독서 동아리에 가입하거나, 교내 프로그램인 독서 토론에 참가하거나, 독서 캠프에 가는 일 등은 책을 주제로 다양한 읽기 활동을 체험할 수 있는 기회가 됩니다. 또한 친구와 더불어 독서 퀴즈를 내고 맞혀 보는 활동도 아주 재미있습니다. 출제자나 참가자 모두 배울 점이 많은 활동이기 때문입니다. 독서 토의는 많이 들어 보았을 것입니다. 사회자의 진행하에 저자, 발행 시기, 책의 주요 내용 등의 기본 정보를 발표합니다. 그리고 모임의 구성원 각자가 자신이 맡은 부분에 대해 요약, 정리하고 자신의 생각을 나눕니다. 사회자가 이러한 발제에 대해 정리해 주면, 그때부터 활발한 의견 교환이 시작되는데, 수평적이고 자유로운 분위기에서 생각을 진솔하게 나눌 수 있는 점이 좋습니다. 이때 토의 기록자는 내용을 남기는 역할을 합니다. 마지막으로 사회자가 구성원의 의견들을 간략하게 정리하고 더 이상의 의견은 없는지 확인하면 각자 논의에 관해 평가하거나 자기 생각을 반성, 성찰하며 토의는 종료됩니다. 엄격한 절차에 따라 이루어지거나 경쟁적 말하기의 성격이 아니기에 편안한 분위기 속에서 생각하는 힘을 기를 수 있습니다.

독서 통장을 만들어서 독서 활동을 적립하고 책 광고를 제작해 보거나 독서 신문 기자가 되어 취재도 하고 기사를 써 보는 활동도 좋습니다. 여럿이서 하는 독서 활동의 장점은 자신의 생각을 말하고, 또 타인의 생각을 들으며 깨달음을 얻을 수 있다는 점입니다. 또한 독서가 긍정적인 자극이 되어 동기 부여가 된다는 점, 역할을 부여받기 때문에 독서 활동을 꾸준히 할 수 있다는 점 역시 함께하는 읽기 활동의 장점입니다. 이외에도 지역 사회의 독서 프로그램을 찾아 참가하거나, 독서에 대한 강연을 듣는 방법도 있습니다. 이러한 함께 읽기 활동을 통해 내면의 성장은 물론, 독서 문화를 함께 나누고 발전시킬 수도 있습니다.

한편 요즘에는 정보 통신 기술의 발달로 온라인 독서 모임도 활성화되어 있습니다. '북튜브(BookTube)'라고 해서 독서법이나 책 리뷰들을 다루는 콘텐츠를 검색 한 번으로 접할 수도 있답니다. 새로운 독서 문화라고 불리는 북튜브는 구독자들에게 책의 좋은 구절을 읽어 주거나 책을 추천해 주기도 합니다. 구독자들 역시 단순히 시청만 하는 것이 아니라, 댓글로 자신의 의견을 이야기하기도 하고, 라이브 방송을 통해 활발한 독서 토의가 진행됩니다. 이뿐 아니라 독서 기록 애플리케이션, 독서 관리 애플리케이션도 상용화되어 있습니다. 따로, 또 같이하는 다양한 독서 활동을 통해 평생 독자가 되기 위한 발걸음을 남겨 보세요. 발걸음이 쌓일수록 독서 습관은 더욱 굳건히 자리매김할 것입니다.

이것만은 알아 두세요

교과 독서

개별 교과의
내용 학습과
연계된 독서
활동

학습 독서

학습을
목적으로 하는
독서 활동

자유 독서

내가 시간을
활용하여
즐거움과
만족을
추구하는
독서 활동

풀어 볼까? 문제!

1. 앞에서 배운 바를 바탕으로 괄호 안의 내용을 채워 봅시다.

> 일생에 걸쳐 글 읽기를 멈추지 않는 사람을 일컫는 말은 (   )이다.

2. 아래의 빈칸을 채워 독서 통장을 만들어 봅시다.

시작일	책 제목	저자	읽은 날짜	읽은 페이지

독서 통장

정답

1. 평생 독자

참고 문헌

1 〈기초 학습 능력을 다지는 국어〉, 서울특별시서부교육청

2 《2022 개정 국어과 교육 과정에 따라 새롭게 집필한 개정판 독서 교육론》,
   천경록 외 공저, 역락, 2023

3 〈독자와 비독자 이해하기. 21세기 한국어의 위상과 언어문화 교육〉, 이순영,
   한국어교육학회, 2019

4 《메타인지 수업》, 이성일, 경향BP, 2021

5 《2022 개정 국어과 교육 과정에 따라 새롭게 집필한 개정판 독서 교육론》,
   천경록 외 공저, 역락, 2023

6 《읽기 교육의 원리와 방법》, 이경화, 박이정, 2010

7 〈새국어생활〉 제22권 제4호, 박영목, 국립국어연구원, 2012

8 〈교육 정책 포럼〉, '교과 독서: 무엇이고, 왜 중요하고, 어떻게 가르칠
   것인가?', 이순영, 한국교육개발원, 2012